議員のなり手不足問題の深刻化を乗り越えて

〈地域と地域民主主義〉の危機脱却手法

著

江藤 俊昭
（山梨学院大学法学部教授）

公人の友社

目　次

はじめに……………………………………………………………… 7

第 1 章　信頼され、魅力ある議会の創造

　　―住民自治の推進、そして議員のなり手不足の解消の正攻法…… 9

　小規模議会の突破力と「危機」……………………………………10

　議会・議員の魅力向上の手法………………………………………11

　住民の信頼を勝ち取る手法…………………………………………12

　議会側からの魅力発信………………………………………………14

　再び小規模議会を考える……………………………………………15

　小規模議会間連携による解消の模索………………………………16

　法制度改革の提言……………………………………………………17

　小規模議会は住民自治のバロメータ………………………………18

第 2 章　なり手不足の要因と課題………………………………21

1　なり手不足の要因と解消の方向を考える：概観

　なり手不足は今日新たにはじまった問題ではない………………22

　合併はなり手不足の「解消」………………………………………23

　なり手不足の要因……………………………………………………24

　飯綱町議会の取組み…………………………………………………27

　なり手不足の解消の方向―現行法体系の下で……………………29

2 議員のなり手不足と半議員半X

半議員半Xの意義 ………………………………………………… 32

半議員半Xの可能性 …………………………………………… 33

半議員半Xの実際 ……………………………………………… 34

3 恒常的な夜間休日議会を考える

長野県喬木村議会の決断……………………………………… 38

開催の際のポイント …………………………………………… 40

恒常的な夜間休日議会の留意点……………………………… 42

4 女性議員を増加させる

女性議員を増加させる意義…………………………………… 44

女性議員が少ない理由………………………………………… 45

女性議員を増加させる手法…………………………………… 46

5 議会間連携によるなり手不足解消の模索と法改正の提言

議会関連携による議員のなり手不足解消の模索………………… 51

法改正への現場からの提言…………………………………… 52

第3章　議員報酬をめぐる論点 ……………………………………… 57

1 問われる議員定数・報酬－住民自治の進化・深化の視点から考える

重要な争点となった議員定数・報酬………………………… 58

定数・報酬を考える7原則と三つの留意点………………… 59

議員定数の根拠―住民代表性から議員間討議へ―…………… 63

報酬の根拠―役務の対価のエビデンス（証拠）を― …………… 65

住民自治を進化させる定数・報酬の議論を！……………… 67

2　議員報酬の根拠＝原価方式の意味とその範囲

議員報酬を考える方式……………………………………………… 70

各議長会の基準……………………………………………………… 72

科学的な根拠ではなく説明のための方式………………………… 73

3　原価方式の留意点

原価方式の留意点…………………………………………………… 75

原価方式採用の際の原則…………………………………………… 76

4　報酬額に住民意向を踏まえる意味

議員報酬決定における住民の位置………………………………… 83

原価方式＝労働価値説？…………………………………………… 84

効用価値説に基づく方式の問題…………………………………… 85

5　議員定数の根拠＝討議できる人数の意味

議員定数を再び考える……………………………………………… 88

定数を考える論点…………………………………………………… 89

第4章　住民総会による議会廃止(の検討)から

住民自治を考える……97

小規模議会の急展開－住民総会の検討…………………………… 98

住民総会の問題提起………………………………………………… 99

住民総会は民主的だとは限らない……………………………… 101

住民総会のイメージ－間接民主制は次善の策か……………… 102

住民総会設置の留意点…………………………………………… 103

住民総会の非実現性と危惧……………………………………… 104

法制度改革の論点………………………………………………… 107

第5章 「新たな2つの議会」提案の衝撃

　　　　－総務省「町村議会のあり方に関する研究会　報告書」

　　　　　　　を素材に地方議会改革を考える……… 111

　　新たな二つの議会の提案………………………………………… 112

　　衝撃と報告書への期待?…………………………………………… 114

　　基本的問題－国からの改革、議事機関の低下…………………… 116

　　乏しい実現性……………………………………………………… 119

　　小規模市町村だけの問題か－提案の法改正の拡張を …………… 120

　　なり手不足に結びつくか…………………………………………… 122

　　現場からの反論…………………………………………………… 124

　　自治の問題として報告書を読む必要性…………………………… 126

補章　議会・議員の魅力向上のための手法

　　　　－「議会からの政策サイクル」による住民福祉の向上… 129

　　連続性による追認機関からの脱皮……………………………… 130

　　「議会からの政策サイクル」の登場 …………………………… 131

　　「議会からの政策サイクル」の展開 …………………………… 133

　　「議会からの政策サイクル」の課題 …………………………… 136

　　はじめの一歩……………………………………………………… 138

　　むすび……………………………………………………………… 140

　　資料1（議員報酬等についての考え方）………………………… 144

　　資料2（請負に関する総務省解釈について）…………………… 151

　　【初出一覧】………………………………………………………… 154

はじめに

　議員のなり手不足は深刻だ。とりわけ小規模自治体議会をめぐってマスコミ
でも大きく取り上げられている。統一地方選挙（2019年）が行われることも、
この理由の1つであろう。もちろん、議員のなり手不足はいまに始まったこと
ではない。さかんに取り上げられているにもかかわらず、いまだ解消にはいたっ
ていない。本著はその要因の解明と解消にむけた1つの提案である。

　そもそも、議員のなり手不足は何が問題なのであろうか。

　まず、民主主義にとって選挙は不可欠だからだ。この議論をより深く考える
と、次のような問題が浮上する。チェックの場（選挙）が失われることである。
代表者はチェックを受けてはじめて代表者になる。選挙がなければ、事前チェッ
ク（政策評価）だけではなく、事後チェック（業績評価）も作動できない。選挙
を通じた民主主義の展開が切断される。

　もちろん、選挙がなくとも定数までの候補者を有権者は信任し、定数を超え
る場合に選挙を行う制度もあるだろう（現実はこうなっている）。この議論もあ
りうるが、これでは政策をめぐる議論ができない。

　また、なり手不足による無投票当選は、代表者を固定化させることにつなが
る。議会の存在意義は「公開と討議」であるが、そのためには議員の多様性が
必要である。無投票当選は、高齢で男性という属性を概して継続させる。固定
化は多様性をますます侵害する。いわば、無投票は地域民主主義を蝕む。

＊　＊　＊

　なお、無投票当選は小規模自治体議会議員だけの問題ではない。無投票当選

者割合は、町村長では 43.4％、市長では 30.3％である（2015 年統一地方選挙）。なり手不足はより深刻である。それにもかかわらず、議員のなり手不足がクローズアップされている。首長には特別の資質が必要であり、固定化も仕方がないと思われているためであろう。また、地域民主主義にとって議会は重要だ、および議会が「住民自治の根幹」だという認識が無自覚かもしれないが住民に広がっていることも想定したい。

　また、都道府県議会議員選挙でも無投票当選者割合は、町村議会議員（21.8％）と同様である（21.9％、2015 年統一地方選挙）。これは、町村議会議員選挙とは異なり、1 人区や 2 人区が多く、政党が候補者を擁立しなければ、有力者の固定化につながるからだ。これではチェックという選挙が作動できない。

　このような代表者の無投票当選の問題は多様であるが、本著は小規模自治体議会議員のなり手不足問題を対象とする。その現状を確認しておこう（表、参照）。

表　人口段階別による無投票当選の状況（抄）

人口段階	H27 統一地方選挙結果		議員定数（人）	平均年齢（歳）	女性議員割合（％）
	執行団体数	無投票当選団体数（執行団体数に占める割合）			
1,000 未満	17	11（64.71％）	7.07	62.23	2.86
1,000 以上 10,000 未満	216	59（27.31％）	10.43	63.59	7.56
10,000 以上 30,000 未満	140	24（17.14％）	14.54	62.66	10.14
30,000 以上 100,000 未満	170	9（5.29％）	19.64	60.57	13.17

＊議員定数は市区議会については H27.12.31 現在、町村議会については H28.7.1 現在
　平均年齢及び女性議員割合は市区議会については H28.8 集計、町村議会については H28.7.1 現在
出所：町村議会のあり方に関する研究会（総務省）『町村議会のあり方に関する研究会　報告書』2018 年。

第1章

信頼され、魅力ある議会の創造

―住民自治の推進、
　　そして議員のなり手不足の解消の正攻法

小規模議会の突破力と「危機」

　議会は、議会改革の本史に突入している。この先駆的な役割を担ったのは、小規模自治体議会(以下、断らない限り「小規模議会」と略記)である。小規模議会は、地方自治の原則に由来する、住民と歩む議会、議員間討議を重視する議会、それを踏まえて首長等と政策競争する議会を開発した。具体的には、議会報告会(宮城県本吉町（現気仙沼市）)、通年議会（北海道白老町、同福島町、宮城県蔵王町など)、議決事件の追加（自治法96②、福島県月舘町（現伊達市)))、そしてそれらを集大成する議会基本条例の制定（北海道栗山町）等を想定するとよい（注1）。

　会派もなく（白老町は会派制採用）、少ない定数により議員が恒常的に集まれること、少ない議員報酬のために日常的に働くことで住民目線となること、少ない議会事務局職員のために議員と職員が恒常的に協働すること。これらの小規模議会の特徴により創造的改革を進めることができた。

　しかし、この小規模議会の特徴は課題も生み出す。少ない定数は十分な委員会数を確保できず、少ない報酬額は専業的に活動することを困難にし、少ない議会事務局職員数は政策提言・監視の十分な支援を困難とする、といった課題を突き付ける。これらを常に意識して課題を克服する手法を開発する必要がある。

　小規模議会は、今日もう一つの課題に直面している。いわば、議員のなり手不足問題である（高い無投票当選者率（低い競争率も加えたい))。「自治体消滅」を前提とした「地方創生」の施策が全国を席捲している。議員のなり手不足の広がりや高知県大川村の町村総会の検討を念頭に、「限界集落」「自治体消滅」だけではなく「議会消滅」を想定した論評もある。こうした問題には、議員属性の偏り（若者・女性の少なさ）なども含まれる。まさに「危機」である。

　住民が自治をあきらめない限り自治体は存在し続ける（大森彌氏）。いわば、

第1章　信頼され、魅力ある議会の創造

自治体が存在し続けるには住民自治を確固として作動させることが必要である。本著では、さらに議員のなり手不足、議会の危機の打開のために「住民自治の根幹」としての議会を作動させ、住民福祉の向上につなげ、そのことにより住民の信頼を勝ち取ることが不可欠であることを強調する。

議会・議員の魅力向上の手法

　議員のなり手不足の解消は多元的に取り組まなければならない（注2）。なり手不足の要因として、議会・議員の魅力の衰退、議会・議員の活動条件の貧弱性、地域力の低下が想定できる。これに、法制度の縛りを加えるべきだろう（表1-1 参照）。これらの要因を突破する手法を考える必要がある。

　条件の悪さを打開するためには、信頼を勝ち取ることが不可欠である。信頼を勝ち取るためには、住民と歩む議会を創出し、それを「住民福祉の向上」につなげることが必要だ。その作動は、地域力向上にも役立つ。そうした活動を実践する議会からの提案でなければ有用な法改正は不可能である。

　要するに、議会改革の本道である議会基本条例に刻まれた議会を作動させる

表1-1　議員のなり手不足の要因と解消の方途

なり手不足の要因	意欲の有無	解消の方途	備考
魅力の減退〔不透明、非活発等〕	ならない	住民と歩む議会、住民福祉の向上に貢献する議会の創造	住民からの信頼を勝ち取る手法
条件の悪さ〔報酬の低さ、定数減により当選ラインの上昇等〕		議員報酬の増額、議会事務局の充実	住民からの信頼がなければ実現せず
地域力の減退〔立候補予備軍の衰退（高齢化、自営業・農業の変化）〕	なれない	住民福祉の向上につなげる議会による地域活性化	住民の信頼を勝ち取る手法
法制度の拘束（兼職・兼業禁止等）		現場からの法改正提案	現場の実践が前提

注：「意欲の有無」は、住民が立候補する際の意欲である。

こと、そしてそれを「住民福祉の向上」につなげることが、議会・議員の魅力を向上させる。同時に、それが地域力アップの可能性を広げ、それらによって住民の信頼を勝ち取り、それが議員報酬の増額等の条件整備につながる。こうした活動によって、現行法の問題点を明確にして議会改革をもう一歩進める法改正を可能とする。

なり手不足の要因を踏まえて、それを解消するための起点は、議会基本条例に刻み込まれた議会運営を作動させ、住民福祉の向上のために活動することである。

住民の信頼を勝ち取る手法

①議会改革の本史を意識する

今日、議会改革は「本史の第1ステージ」から「第2ステージ」に向かっている（注3）。前者は、従来の議会とは異なる議会本来の運営を行うという意味で、議会基本条例に刻み込まれた運営である。透明性向上や議会力・議員力アップにつながることで、住民は切断されていた議会との接点ができ、議会活動を知ることになる。つまり、議会・議員の魅力の向上につなげることができる。

この役割は重要であるとしても、あくまで運営の方法（形式）である。重要なのはそれを住民福祉の向上につなげること、成果を出すことである（内容にかかわる）。これが議会改革の第2ステージである。その一つの手法が議会からの政策サイクルである。これによって、議会・議員の魅力向上、信頼される議会・議員の創出に役立つ。

この第1ステージと第2ステージの議会改革が議会・議員の魅力、住民に信頼される議会づくりにそれぞれ役立つことを意識する必要がある。その上で、現行法体系を超えた、つまり法改正の検討も必要である。

第1章　信頼され、魅力ある議会の創造

　住民は、第1ステージでは住民と歩む議会の作動を評価基準にして、また第2ステージでは住民福祉の向上を基準にして議会を評価する。単なる傍観者的評価ではなく、主体的にかかわりながらの評価であることに注意していただきたい。それらの評価の素材を議会は積極的に提供することになる。

② 議会基本条例の実質化による魅力向上（第1ステージ）

　議会基本条例の制定は、透明性の向上とともに、議会力・議員力をアップさせるために有用である。議会・議員への不満の多くは、議会・議員が何をやっているかわからないというものである。議会基本条例は、まずもって議会や議員の役割を明記している、いわば議会からのマニフェストである。

　しかも、議会基本条例に刻み込まれた議会運営は議会力・議員力をアップさせる。議会として住民の前に登場し、住民とともに討議するにはまず議員の資質を向上させなければならない。そこでは、議会としてどのような議論を行ったか、議員個人や会派の質問だけではなく、議員間で討議し論点を明確にしたかが問われる。さらに、執行機関とどのような論戦があったか、具体的には首長提案に対してどのような審議を行ったか、いわば議会の質が問われる。

　その意味で、議会基本条例制定とその作動は、議会・議員の魅力向上には不可欠である。

③ 住民福祉の向上による魅力の向上（第2ステージ）

　議会基本条例に刻まれた議会運営は住民自治を進めたとはいえ、あくまで運営の手法である。その運営を住民福祉の向上につなげる必要がある。その一つが議会からの政策サイクルである（注4）。それによって、住民福祉のための成果が得られるという意味で、議会・議員の魅力アップに役立ち、信頼される議会を創り出すことになる。

13

議会側からの魅力発信

　議会報告会や住民との意見交換会、さらには議会（だより）モニターや政策サポーターは、議会側から住民に対して議会活動、つまりその魅力を発信する重要なツールとなる。参考人や公聴会制度の活用もこの文脈で理解できる（本著補章、参照）。

　議会・議員活動は住民から見えにくい。そうだとすれば、積極的に住民とのチャンネルを開発することが必要である。例示したものはその中の代表的なものである。閉鎖的な議会に対して、住民の前に登場して議会や自治体の課題を報告するとともに、地域課題を発見するという広報広聴の場の設定が開発された。議会モニターは、より積極的・継続的に議会・議員と並走する住民を育てる。議会だよりモニターは、議会だよりという素材を活用してそれを行う。政策サポーターは、より積極的に住民自治にかかわり議員とともに地域課題を探求する主体的な住民を育てる（注5）。

　こうした住民と歩む議会の制度化は、議会改革を進め、透明性の向上だけではなく、住民自治を進める。いわば主権者教育（市民教育）の役割を担う。

　主権者教育（市民教育）では、①学校教育は重要であるとしても、まちづくりにかかわることによって政治・行政が身近で動かせることを実感すること、②まちづくりは行政の専売特許ではなく議会でも必要なこと（それを住民が実感すること）、③若者だけの課題ではないこと ── を意識する必要がある。これらによって、住民は行政はもとより議会にも傍観や受け身ではなく主体として登場する。そこでは、住民から信頼される議会が創造される。

　こうした住民と議会のかかわりによって、議会を知る住民は点から線へ、線から面へと広がる。参加した住民は、友人や家族に議会について語る。従来と

は異なるイメージが住民間で広がる。それが議会活動への参加者を増加させることにもなる。

議員個人の議会報告会は、政治情報を住民に伝え、逆に住民からの要望等を政治の場に登場させる重要な役割がある。ただし、あくまで個人後援会の延長である。議会として、議員全員として住民とかかわる手法は不可欠である。

再び小規模議会を考える

本著では、小規模議会を念頭におきながら信頼される議会の構築を構想する。ここで提起した論点は、なにも小規模議会に限るものではない。低い投票率を考慮すれば大規模自治体議会こそ「危機」だ。むしろ、そうした議会にも本著で提起した論点を活用していただきたい。

とはいえ、小規模議会には特有の特徴があり課題がある。既に指摘したように、少ない定数、低い報酬、少ない資源という特徴である。これらを転換させることに意欲的に取り組むべきであるが、その実現は容易ではない。小規模議会が取り組む際の留意点を確認しておきたい。

① 全体を見据えつつピンポイントにかかわる

中尾修さん（当時、北海道栗山町議会事務局長）は、「全体の動きを見ながら、個々の肝要な部分を変えさせるというときには、そこを集中的に攻撃して方向性を変えれば、あとは執行部の責任においてやっていただく」ことを強調する。執行機関との資源の相違から、議会権限をフルに活用し「相手に変更を求めるところをピンポイントで攻めていって、民意に沿う形にきちんと方向性を変えさせて、あとは傷つかないうちにさっと撤退する」というものである（注6）。

②住民を巻き込む

　長野県飯綱町議会が政策サポーターを設置した理由の一つは、市町村合併によって15人に議員定数が削減された状況で、住民が政策や監視にかかわることで、その弱体化を防止し強化することであった。多様な住民に議会機能を分有することで議会力・議員力アップを図ることも必要だ。

小規模議会間連携による解消の模索

　議員のなり手不足は、小規模議会に共通する課題である。そこで、小規模議会がそれぞれ研究を進めるとともに、共通の課題を有する「仲間」として検討することも必要である。長野県の有志の町村議会は、継続的にこの共通テーマについて一堂に会して議論を行っている。

　第1回町村議会改革シンポジウム（2016年7月）には、12町村議会が参加し、議員のなり手不足や報酬・定数等を議論した。第2回（17年1月）では、政策提言のあり方と議員のなり手不足を集中的に議論した（18議会参加）。第3回（同年7月）では、同じ二つのテーマで議論を行った（17議会参加）。そして、第4回が2018年5月、なり手不足問題と人口減少時代の課題をテーマに開催された（17議会が参加）。先駆議会の飯綱町議会の寺島渉前議長、恒常的な夜間・休日議会開催に挑戦している下岡幸文・喬木村議長などによる報告や参加者による意見交換会が行われた。自主的で、かつ継続的な取り組みの広がり、及び現場を踏まえた提案が期待される。

　なお、北海道浦幌町議会は17年3月、議員報酬の独自な方式を提案したが、同町が位置する十勝町村議会議長会は、報酬の「十勝標準」を提案している。こうした提案を議長会が行うこと、さらに国への意見書・要望書の提出など、「闘う議会」「闘う議長会」を創り出している。

法制度改革の提言

　議員のなり手不足の解消の模索について確認してきた。これらは、いわば現行法体系の下での模索である。しかし、現行法体系自体を改革する必要もある。現行法上、議員に「なれない」要因を除去することである。そこで、現場を踏まえながら、国に対して意見書・要望書を提出している議会、議長会がある。

　浦幌町議会は、議員のなり手不足に危機感を抱き、①地方議会の役割（議員定数・議員報酬）、②監視・評価機能の強化、③調査・研修、政策立案機能の充実、④議会組織、議会運営のあり方、⑤町民に身近な・開かれた・町民参加の議会を検討している。既に指摘した議員報酬（増額）をめぐる浦幌方式は、議会改革の一環として提起されたものである（注7）。

　当該議会で解決できる課題とともに、法制度改革が必要なものがあるという。被選挙権の引き下げ（18歳以上）、補欠選挙を当該自治体（要するに首長）の選挙だけではなく他の選挙が行われるときにも可能とすること、公営選挙の拡大、「若者手当」「育児手当」の制度化、企業側を支援する「議員チャレンジ奨励金（仮称）」の制度化などである。

　浦幌町議会は17年3月、「地方議会議員のなり手不足を解消するための環境整備を求める意見書」を全会一致で可決し、国に提出した。その後、十勝町村議会議長会、北海道町村議会議長会は同様の内容の要望書を国に提出した。しかし、国からは何の対応もない。

　高知県と大川村が兼業禁止の範囲の厳格化・緩和と議員報酬の増額に関する要望書を17年12月、野田聖子総務大臣に手渡していることも法制度改革を目指す動きである。

　なお、大川村の住民総会の検討を踏まえて総務省に設置された「町村議会の

あり方に関する研究会」の報告書が提出された。これには問題も多い（注8）。

小規模議会は住民自治のバロメータ

小規模議会は、議会改革、したがって住民自治の推進に大きな役割を果たしてきた。その特徴は議会改革を積極的に進める根拠になるが、新たな展開を拒む要因にもなる。

今日、小規模自治体には人口減少問題、議員のなり手不足問題が降りかかっている。その解消の正攻法は、小規模議会が取り組んできた改革の方向を進むことである。住民と歩み、住民福祉の向上の成果をあげる議会である。その際、議員だけではなく住民とともに考え活動する議会が不可欠である。魅力を向上させ、信頼される議会の登場である。

住民、議会・議員、首長等による「総力戦」という用語は資源の少なさを考慮した消極的評価に使われる場合が多いが、住民とともに地域経営を行うという意味では住民自治の本道を表現する言葉でもある。まさに、小規模議会の活動は住民自治のバロメータである。

注1　江藤俊昭『自治体議会学』ぎょうせい、2012年、第4章、参照。

注2　本著第3章、参照。

注3　江藤俊昭『議会改革の第2ステージ』ぎょうせい、2016年、参照。

注4　議会からの政策サイクルについては、本著補章、および前掲『議会改革の第2ステージ』、参照。

注5　少し古い調査であるが、議会報告会に参加した住民の意識（議会改革への評価等）については、江藤俊昭「変わる議会、信頼される議会」中尾修・江藤俊昭編『議会基本条例－栗山町議会の挑戦』中央文化社、参照（4年目の議会報告会（2008年）を素材としている）。

注6　「栗山町議会基本条例への想い—中尾修議会事務局長に聞く」中尾・江藤前掲編（中尾発言）、55〜56頁。

注7　北海道浦幌町議会『第2次議会の活性化　議員のなり手不足の検証（検証報告書）』2017年3月。

注8　総務省「町村議会のあり方に関する研究会」が報告書を総務大臣に提出した。小規模市町村議会を対象に、なり手不足問題の解消として新しい2つの議会が提案されている。この問題について多角的（批判的）に議論したものとして、江藤俊昭「地方議会のゆくえ」（上中下）『議員NAVI』2018年4月上旬号・下旬号、5月上旬号がある。本著第5章も参照。

第2章

なり手不足の要因と課題

1 なり手不足の要因と解消の方向を考える：概観

なり手不足は今日新たにはじまった問題ではない

議員のなり手不足は、今日新たにはじまった問題ではない。町村議会議員の無投票当選者率は既に 2003 年統一地方選挙で 20％を超えている（23.3％）。なり手不足問題が浮上し、それを重要課題として議員報酬増額を行った自治体もある（注1）。群馬県みなかみ町、同県榛東村は、議会・議員活動量の増大とともに、議員のなり手不足の解消、特に若者の立候補者の増加を念頭において、議員報酬を増額した（13年改正）。

これらは、議会側からではなく首長からの提案であった。それに対して、山形県庄内町では、同様な目的から議会側から報酬を増額することを検討し提案していた。一方、首長からは夜間議会の対応を打診され、議会として真摯に検討した（夜間議会の際のスケジュール案の提出は14年）。しかし、議員報酬の増額も、また充実した審議ができなくなるという理由で恒常的な夜間議会開催も実現していない。なお、長野県喬木村議会では恒常的な休日夜間議会を開催している。これについては、後述する。

長崎県小値賀町議会は、若者の立候補者を増やすために、一般議員の報酬は月額18万円のところ50歳以下は30万円とした（特例条例、15年。その年の選挙は実際には無投票、18年改正で一律に戻した）。そして、本著で紹介するいくつかの議会（長野県飯綱町、北海道浦幌町等）は、なり手不足を重要課題の一つとして取り上げ調査研究するとともに実践している。

マスコミもなり手不足問題に取り組む議会、つまり無投票当選を踏まえて立候補者の増加を模索する動向を紹介している。北海道千歳市議会（ＮＨＫ「クローズアップ現代　揺れる地方議会　いま何が起きているのか」14年9月24日）などである（注2）。これらの報道は、なり手不足という状況に対して真摯に取り組む議会の紹介である。なお、千歳市議会議員選挙は、13年は無投票であったが、17年は定数23に対して31人が立候補した。

合併はなり手不足の「解消」

今日、一気に「なり手不足問題」が注目されたのは、やはり高知県大川村の議会廃止（実際は検討）がセンセーショナルに報道されたからだ。〈限界集落→地方消滅（自治体消滅）→議会消滅〉の論理である。再確認したいのは、議会消滅によってなり手不足を解決するという今回検討されたウルトラＣの打開策よりも前に、なり手不足問題の解決というより「解消」が行われたことである。平成の大合併に伴い（編入合併に顕著）、自治体、そしてその議会を消滅させ、結果的に議員のなり手不足を「解消」している。

意図していたか否かはともかく、合併はなり手不足が広がっていた小規模自治体を編入させることによって（自治体消滅）、小規模自治体の議員を「消滅」させることにつながった。今日、合併によって議員を選出できない旧自治体も少なくない。1～2人選出の旧自治体の状況を加味すれば、相当数にのぼるであろう。なお、小規模自治体同士の合併は、議員定数だけを削減することにより、なり手不足の解消を結果として行ったといえる。

議員がゼロ及び少数だからか、あるいは議員数にかかわらずかどうかはともかく、こうした議員ゼロ地域の多くは「衰退」している（注3）。しかし、合併によるなり手不足問題の「解消」はその問題を「先送り」しただけで、今日

再浮上している。なお、合併しない自治体の議会の多くは、「身を切る」改革として議員定数削減を行った。今後検討するように、定数削減がなり手不足を促進する要因にもなっている。編入された自治体だけの問題ではなく、平成の大合併のうねりによっても合併しなかった自治体でもなり手不足を深刻化させた。

なり手不足問題は、小規模自治体にかねてから広がっていた。後述するように、住民総会設置による議会廃止は、住民自治の観点から問題があるし、実際に作動させることも困難である。

また、市町村合併によるなり手不足の「解消」というもう一つの方向は、合併可能な自治体は既にしていること、合併の歪み（周辺地域の衰退等）が周知されたことによってさらなる合併はもはや困難である。

なり手不足の要因

そこで、もう一つのなり手不足の解消を目指す方向を検討したい。今日広がっている議会改革を先駆的に行っている議会が実践している取り組みである。結論を先取りすれば、①議会・議員の魅力を住民に知らせること、②新たな議会を担う議員として活動できる条件を整備すること、③当該議会だけでは達成できない法制度改革等を地方議会間連携で解決する志向と運動を充実させること、（これらによって④議員を選出しようという地域力を向上させること）である。

これらを念頭において、なり手不足問題の解消に取り組んでいる議会の実践を参考に、その解消の手法を考えるのが本章の目的である。

①議員に「ならない」と「なれない」

まず、議員のなり手不足の要因を考えたい。なり手不足問題に真摯に取り組む議会の動向やその調査報告書等を参考に、筆者がなり手不足の原因と今後の

改革の方向を概観したのが 表 2-1 である（詳細は後述）。この表では、なり手不足の原因を考える上で、議会・議員の魅力、議会・議員の活動条件、地域力という三つの事項を想定している。まずもって「従来と今日」の変化を確認することが重要である。問題は、人口減少と高齢化だけではない。その上で、そのなり手不足問題の解消の方向を検討する必要がある。その際、注意していただきたいのは、次の点である。一つは、議員に「ならない」場合と、「なれない」

表 2-1　議員のなり手不足とその解消の方向

	議会・議員の魅力（ならない要因）	議会・議員の活動条件（ならない要因）	地域力・法制度（なれない要因）
従来と今日	・名望家としての議員 ・活動量の少なさ ⇩ ・議会、議員への不信 ・多様な住民参加によって議員の必要性低下（口利きの必要性低下） ・身近に議員がいなくなり議会・議員に対するイメージ不足	・少ない活動量で兼業可能 ・議員年金 ⇩ ・活動量の増大にもかかわらず議員報酬の削減・継続 ・議員年金廃止	・議員を排出している自営業・農業の活性化 ・候補者を押し出すコミュニティ ・高齢化の進展 ・自営業、農業の衰退（一方で忙しくなる業種も） ・コミュニティの衰退により議員排出力の弱体化 ・定数減により当選得票数の増加による立候補断念（集落間の調整に多大なコスト） ＊女性、若者、新住民が立候補しにくい環境は継続している。
今後の課題I	・「住民自治の根幹」として議会の作動＝信頼される議会 ・行政の不備を全体として問題とするとともに、現状の財政状況の困難性を説明する議員の役割	・適正な議員報酬等の整備（小規模自治体では半議員半X） ・それらを住民と考える	・地域の活性化（集落支援） ・若者の増加策と立候補に向けた施策（U・J・I ターン、地域づくり協力隊等） ・女性の登用 ・サラリーマンの登用（議会力をダウンさせないことを前提とした恒常的な夜間休日議会の開催）
今後の課題II	・議会制度改革（議会力アップ）	・基準財政需要額算定にあたって議会費の増額（地方交付税なのでそれぞれの自治体で自律的に決定） ・厚生年金への加入の検討＊	・兼職、兼業禁止規定の緩和 ・被選挙権年齢を18歳以上への引き下げ ・補欠選挙の改革（国政選挙等でも可能に） ・公営選挙導入の検討 ・若者手当、育児手当の導入の検討 ・休職制度、「公的活動」休職制度の導入 ・企業を支援する議員チャレンジ奨励金制度の推進

注1：「なれない要因」には、地域力と法制度の問題があるが、一括して表示している。本文では区別して説明している。
注2：長野県飯綱町議会「議員定数・報酬問題に関する飯綱町議会から町民の皆さまへの訴え」2016年、北海道浦幌町議会『議員のなり手不足の検証　検証報告書』2017年、などを参照して作成。
注3：「従来と今日」の項目の中の記号の下は今日の問題である。
注4：今後の課題Iは現行法体系下の独自改革、今後の課題IIは法律改正を含む国等による今後の制度改革の例示である。
注5：＊は現段階では筆者は留意している事項。
注6：「半議員半X」は大森彌氏による提案。

25

場合とがあることである。議会・議員の魅力がなければ「ならない」し、また報酬等の条件が悪ければ「ならない」。逆になろうとしても兼職・兼業禁止規定等から議員に「なれない」場合もある。もう一つは、今後の解消を模索する上で、現行法体系下で可能なもの（独自改革）と、国等による法制度等を含めた改革とに区分することである。

②なり手不足の要因を探る

　議員のなり手不足の要因として、議会・議員の魅力、議会・議員の活動条件、地域力これらの変化（衰退）を取り上げた。さまざまな議会がこのなり手不足の要因を探るとともに、その解消を模索している。それらを参考に、なり手不足の要因とその解消の方向を考えたい。まず、三つの要因のイメージを、長野県飯綱町議会が検討した議員のなり手不足の要因を参照しながら考えたい（注4）。

a) 議会・議員の魅力の衰退

〈議員の魅力の減退〉

　議会・議員の活動（仕事）が合併前も含め、首長の追認機関になっていた期間が長く、その独自の役割と責任ある行動が住民に見えにくくなっていること。議員活動への魅力が実感できなくなっていること。

〈多様な住民参加による議員の役割の低下（「口利き」の必要性の低下）〉

　インフラ整備などの区・組の要望は区・組長を通じて行政が集約し、計画的に実行されているため、議員の存在価値が実感できないでいる住民が少なくないこと。同時に地域から議員を送り出す住民意欲が低下していること。

〈身近な議員がいないことで、議会・議員イメージがわかない〉

　合併と定数削減等により、身近に議員がいなくなっており、議員と住民が行政・議会を話題にする機会が減っていること。また、住民の生活スタイル

や価値観が多様化し、自分の生活が精一杯で、行政・議会への関心が薄れていること。

b) 議会・議員の活動条件の貧弱性

〈条件の未整備〉

子育て世代にとっては、議員報酬が低く（生活給としては十分でない）、また議員年金制度の廃止などにより、経済的魅力がないこと。

c) 地域力の低下

〈地域の活力の低下〉

女性、若者、新住民が選挙に立候補しにくい環境は継続している。これとともに、次のような新たな傾向がある。

議員選挙の際、かつてのような地区推薦はなくなり、候補者探しを含め、選挙運動に参加する人々が減り、いわゆるみこし作りが困難になり、立候補をためらう状況が生じていること。

飯綱町議会の取組み

飯綱町議会は、以上のような認識に基づき、なり手不足問題の解消を焦眉の課題として取り組んでいる。その特徴を紹介したい。

第1に、議会は「住民福祉の向上」に積極的にかかわり、それを住民にアピールしている。政策力・監視力のアップを目指している。議案の修正、予算要望の提出とその実現、後述する議員提案による条例制定などの実績がある。住民と議員が一緒に政策を練り上げる政策サポーター制度は政策力・監視力を高めた（10年より）。

住民は議会の政策提言にかかわることで議会を知る。重要なのは、住民が議会を知る手法を意識的に導入していることである。また、住民50人以上に委

嘱し議会や議会だよりのことを住民に聴く議会だよりモニター制度を導入している。それによって、住民は意見を述べるためには議会を知らなければならず、議会だよりを含めて議会について関心をもち研究するようになる手法である。これらの議会の動向を『議会白書』により住民に知らせている（15年度より）。

　政策サポーターにせよ、議会だよりモニターにせよ、かかわる住民は個人だが、家族や隣人に話すことによって、点から線へ、線から面へ、そして面から立体へと広がることも念頭に置いている。もちろん、「住民に知らせる」ことは重要ではあるが、知らせる中身が十分でなければ逆効果であることも各議会は自覚してほしい。

　第2に、議会・議員の活動条件について住民と考えている。議会・議員が住民福祉の向上を目指して活動するには、時間も労力も必要である。いわばコストを考えなければならない。飯綱町議会の場合、議員報酬は低い。そこで、幅広い住民に議員になってもらおうと、報酬の引き上げを住民と考える機会を持った。議会は「訴え」を発表し、その訴えに基づき住民との「定数・報酬問題意見交換会」を開催した（16年、住民約70人参加）。意見交換会では積極的・建設的な意見が多かった。その後、このテーマを中心に議会報告会を行った。それらを踏まえて、町長に要望書を提出し、特別職報酬等審議会が開催され、議員報酬は増額となった。

　この一連の動きは、議員報酬をめぐっての住民との懇談であるが、議会・議員の役割を住民に周知する機会であるとともに、そのための条件を住民と考える機会でもあった。飯綱町議会は「住民福祉の向上」のために真摯に活動してきた実績があったからこそ、一般に住民が批判的に考えるテーマ（定数・報酬）で懇談の場を設けることができたことを強調しておきたい。

　第3に、地域力の向上を目指している。飯綱町議会は、地域力の中心をなすのは集落機能と考え、その強化を目指した。それによって、立候補を可能とす

る条件の強化を意図した。「みこし作り」の形成である。議会は、第2次政策サポーター会議の二つのテーマのうち一つに「集落機能の強化と行政との協働」を設定し、そのグループは、提言書を議長に提出した（14年）。それを踏まえて、議会は議員立法として「集落振興支援基本条例」を制定している（同年）。なお、議長はU・J・Iターンを重視するとともに、地域おこし協力隊の定着を模索している。

　以上のように、飯綱町議会はなり手不足問題を多角的に検討し、二元的代表制＝機関競争主義の実践により解消しようとしている。注意していただきたいのは、報酬等の条件整備は重要であるが、それが可能なのはあくまで議会が「住民自治の根幹」として作動している点である。

なり手不足の解消の方向─現行法体系の下で

　なり手不足の解消も多元的に取り組まなければならない。まず、現行法体系の下でも可能な施策を考えよう。なり手不足の要因と連動した対応である。

①議会・議員の魅力の衰退への対応
　そもそも議会は信頼されていなければ、住民はそこで活動する気にはならない。議会が「住民自治の根幹」として作動すること、それによって信頼される議会を創造することである。

　そのためには、従来の「口利き」ではない議員活動が重要である。もともと、財政の規律向上、口利き防止条例制定などによって、「口利き」は困難になっている。議員はそれとは異なる議員活動、つまり「住民自治の根幹」である議会を創り出すことである。同時に、行政の不備を問題とするとともに、現状の財政状況の厳しさを住民に説明すること、つまり従来の「口利き」とは逆のベ

クトルの活動も担う。

議会の活動を議会が住民の前にでて議会を身近なものにする。そのために「住民自治の根幹」としての議会を作動させることが前提である。

議会報告会は、こうした新たな議会を知ってもらうにも重要な手法である。同時に、これに広聴機能を持たせ議会力アップにつなげることによって、住民からの信頼をかちとることもできる。広報・広聴機能をさらに強めるために、飯綱町議会が行っている議会だよりモニター制度や政策サポータ制度は、議会・議員の魅力をアップさせるには有用である。

②議会・議員の活動条件の貧弱性への対応

適正な議員報酬等の整備が必要である。なり手不足問題が激化しているのは、報酬の低い小規模町村が圧倒的であることを考えれば（月額30万円でも無投票当選自治体があることを考慮すれば、これだけが要因ではない）、この課題の解消は急務である。住民に説明するためには報酬等の根拠をそれぞれの議会が議論し確認することが必要である。

もちろん、報酬等の条件が悪いことで立候補を躊躇することはあるが、議会・議員に魅力がなければ立候補する意思を持たない。そもそも、報酬等の増額等は多くの住民が議会・議員の魅力を感じていなければ困難である。条件整備は、議会・議員の魅力を創り出すことを前提としている。

なお、そうであっても、たとえば小規模自治体では一気に報酬を大幅に引き上げることは、困難であろう。そのためには、「半議員半Ｘ」（大森彌氏の提案）は一考に値する。

そして、それらを住民と考えることは不可欠である。住民から引き下げの声もあるからという消極的な理由だけではなく、議会・議員活動の役割を住民と考える機会にもなるからである。

③地域力の低下への対応

　地域の活性化（集落支援）、若者の増加策と立候補に向けた施策（U・J・Iターン、地域づくり協力隊等）も積極的に取り組む必要がある。すぐ前で指摘した②（議会・議員の活動条件の貧弱性への対応）とも連動するが、長崎県小値賀町議会の若年を報酬で優遇する試みもこの文脈で理解できる。

　立候補する対象を増加させることも考慮してよい。女性の登用や、「半議員半X」である。また、サラリーマン層の立候補者を増加させることを意図した恒常的な夜間議会は、議会力がダウンしないことを前提に模索してよい。

注1　江藤俊昭『Q＆A地方議会改革の最前線』学陽書房、2015年、参照。
注2　長野県飯綱町議会などの紹介があるNHK「おはよう日本」2017年6月12日、も参照。
注3　たとえば、公益財団法人地方自治総合研究所編集・発行『平成の市町村合併による住民の代表性の変容―議会議員非選出の影響を中心として―』2016年、参照。その報告書において飯田市や上越市を調査検討した筆者は、議員ゼロ地域の問題を議会改革によって解消とまではいえないが、縮小できることを提案している。具体的には、議会報告会の実践、及びそれらによる機関としての議会（人格を持った議会）の作動である。
注4　飯綱町議会「議員定数・報酬問題に関する　飯綱町議会から住民の皆さまへの訴え」(2016年)からの引用(飯綱町議会は5つの要因、一部修正)。なお、それぞれの項目（〈〉内）は筆者による要約。飯綱町議会の動向については、HPのほか、相川俊英『地方議会を再生する』集英社新書、2017年、参照。特別委員会で議論を重ね、報酬月額約16万円、定数15人という現状について定数維持し報酬を増額する提案である。

2　議員のなり手不足と半議員半X

半議員半Xの意義

　現行法体系の下で議員に「ならない」要因への打開の方途の一つに半議員半Xが考えられる（注1）。それは、「半分程度は議員、半分程度はそれ以外のXの兼業にすること、つまり『半農半X』を町村議会にあてはめる」ものである。町村では報酬等の条件が悪いので魅力がないという議論があるが、「果たしてそうだろうか」。この問題意識の下で、「町村議員は端から専業化しなくていいと考えることではないか」という大森彌氏（東京大学名誉教授）の問題提起である（注2）。

　筆者は、専業の町村議員があってもよいと思っているが、この半議員半Xの提起は重要である。この間、議員報酬を増額する議会も徐々にではあれ、みられる。既に紹介した長野県飯綱町議会では、約16万円の現状を約1万円増額することになった（政務活動費制度を導入した）。また、群馬県みなかみ町の増額の割合（1.42倍）は大きいものであるが、それでも月額27万円で、大規模自治体とは大きな差がある。

　議会活動を住民に示し住民と議論しながら、極めて低い議員報酬の増額を図ることは必要だ。それにもかかわらず、町村議員の報酬を「生活給」にまで引き上げることは可能であるとしても、一般化するわけにはいかない。そこで、議員報酬の増額を目指しつつも、半議員半Xを積極的に位置づける必要がある。

半議員半Xの可能性

そもそも、従来から町村議会では半議員半Xが実践されていた。自営業や農業を営みながら議員になることは一般的であった。

地理的に異同はあるが、農事暦に適合するような議会運営も行われてきた（定例会開催にあたって、田植えや、刈り取り時期を外す、など）。なお、町村議会では60歳以上の議員が圧倒的に多い。「専業」「分類不能」の中には、年金生活者も多いであろう（表2-2参照）。

町村議会議員選挙における若者の立候補者増の手法として、半議員半Xを重視することも必要である。この文脈では、恒常的な夜間休日議会は慎重に議論したい。また、立候補の増加には、若者だけではなく女性の可能性を模索する必要もある。

表 2-2　議員の職業・年齢構成

	議員の職業				議員の年齢							性別	
	専業	農業・林業・漁業	その他	分類不能	30歳未満	30～40	40～50	50～60	60～70	70～80	80～	男	女
町村	19.1	37.1	27.1	16.8	0.1	1.9	5.4	21.1	53.5	17.4	0.6	91.3	8.7
市	36.4	15.0	33.5	15.0	0.5	5.1	11.9	27.3	43.9	11.0	0.3	86.9	13.1
県	50.2	9.4	38.5	2.0	0.2	6.8	18.5	29.4	35.8	9.0	0.3	91.2	8.8

注1：総務省「地方議会制度について」2015年、から作成（各議長会調（全国町村議会議長会（2013年7月1日現在）、全国市議会議長会（2013年8月30日現在）、全国都道府県議会議長会（2013年7月1日現在））、ただし性別については総務省「地方公共団体の議会の議員及び長の所属党派別人員調」（2014年12月31日現在）。
注2：職業については、自営業（経営者）か従業員かの区別は判明しない。そこで、第1次産業以外は「その他」に分類した。なお、「農業・林業」と「漁業」は一括した。
注3：「市」は市区を、「県」は都道府県を示している。

半議員半Xの実際

半議員半Xを広げるため、現行法下での手法を考えたい。

①企業の長期休職制度の推進

「楽天」の社員・武井俊輔さんは、立候補休職制度を活用して、宮崎県県議会議員選挙に立候補して当選し、活動した（2007年4月～11年4月）。また、ある派遣会社の社員は、休職制度を活用して、東京都のある区議会議員に立候補して当選し、活動した（07年）。この制度は、議会での経験を会社に持ち帰ることを目的としている。大森彌氏が強調するように、こうした事例は例外的であり、サラリーマン議員を増やすには、「経済界を代表するような民間企業が、率先して、従業員が休職して自治体議員に立候補し選挙活動を行うことを制度として認めること」が必要である（注3）。

②Uターンから議員

福島県会津坂下町議会議員・Aさんは、議員活動を行うとともに、会社の常勤で働いている。彼は、衆議院議員の秘書を経て、16年3月27日の選挙において25歳24日の若さで当選した。農業法人（広義：株式会社）に当選後勤めることになった（17年3月から）。職務形態は、フレックス制のようなもので特に定めがあるわけではない。正社員であるが、時給制がとられている。祖父が農業をしていたことはあるが、本人に農業経験があるわけではない。勤務する会社の社長は元議員（議長経験者）であり、議員活動に配慮している。給与は平均月20万円程度で、議員報酬22万1000円を加えて生活している。現在結婚しているが、将来の子育てを考えても不安はないという。

また、静岡県裾野市議会議員・Bさんは、海外での生活を経て、裾野市近隣の長泉町で就職し（07年、株式会社アスプ）、勤務を継続しながら、議員選挙に立候補した。10年1月の補欠選挙に立候補した際に、社長と話をし、当選した場合は事務所の出勤を50％、その他はテレワークなどでの業務となった。補欠選挙の際は落選したが、その後の一般選挙（同年10月）で当選し（当時29歳）、議員活動とともに会社員生活を継続している。年4回の定例会のため、休会時の50％は日中の勤務が可能であるが、議会中（特に3月と9月）は、日中は議会、夜間に誰もいない事務所での勤務になっている。なお、15年11月に経営者が代わった時にも新旧の社長同士の協議で同様の扱いとなったが、事務所への出勤ノルマ50％はなくなり、テレワークの割合が増えている（注4）。

議員と兼職になってからは会社の給与約15万円と議員報酬32万円で生活している。給与は、立候補時に社長との協議の上、決めた。「漠然とした不安はありますが、どうにかなるだろうと思っている部分もあります」という。「どうにかなる社会でなければならないと考えている」からだ。

③Iターンから議員

長崎県小値賀町議会は、50歳未満の議員報酬を増額することにしている。それは、まずもって地域おこし協力隊に奮闘している若者に定着してもらい、議員としての活動を期待していたからである。周知のように、15年4月の統一地方選挙の前月の3月に条例制定したものであり、周知期間があまりにも少なかった。

また、長野県宮田村は定住促進事業で有名な自治体である。同村議会は、同事業と連動するかのようにIターンの議員、会社勤務の議員が活動している。同村議会は、平均年齢57.8歳、議長も若く、むらづくり基本条例を議会から提案したことなどで知られる（注5）。村議会には現在、3人のIターンの議

員がいる。C議員は住宅会社に勤め、D議員はホテル勤務、そしてE議員は自営業である。村が進める定住促進事業と直接関係はないというが、Iターンによる3人の「実践」が、移住者が議員になる道を広げることになろう。

そもそも、宮田村の移住・定住事業は着実に成果が上がっている（注6）。16年度では、15世帯36人が移住している（15年度・11世帯16人）。20代10世帯、30代1世帯、40代3世帯、60代以上1世帯、である。8世帯は県内からの移住で、そのほかは千葉県、奈良県、石川県、京都府、大阪府、東京都からである。

空き家バンク制度の運用、子育て世帯誘致情報及び企業誘致情報提供、住宅開発促進事業補助制度、ホームページや広報媒体等による情報発信、ＵＩＪターン就活バスツアー、婚活バスツアーなどを行ってきた成果である。

*

半議員半Ｘに向かうこれらの事例は、個々の議員の努力、そして会社経営者の好意によるもので、現状ではあくまで例外である。とはいえ、既に紹介した長期休職制度の充実とともに、例外であっても、個別の努力により兼業が可能なことを紹介し広げることも必要である。労働法制改革は別途検討しよう（本著第5章、および後掲資料、参照）。

注1　現行法下の改革か現行法改革か、そして「ならない」改革か、「なれない」改革か、についての区別については、本著全体で解明している。
注2　大森彌「『町村自治』を護るために覚悟と変化を」(連載「自治・地域再興」)『ガバナンス』2017年1月号。
注3　この提起は、地方議員の被用者年金制度加入について、慎重にすべきことを強調するためである。大森彌「自治体議員の被用者年金制度への加入」(大森彌の進め！自治体議会)『議員NAVI』2016年12月26日。なお、大森氏は厚生年金への議員加入について積極的な議論を展開していない。
注4　事業譲渡により親会社をHACK JAPANホールディングス㈱(山梨県甲府市)とするHACK　UFB㈱(本社：山梨県甲府市／勤務：静岡工場)での勤務となっている。
注5　「若手、Iターンの議員が活躍する議会に――長野県宮田村議会(変わるか地方議会195)」『ガバナンス』2017年8月号、に詳しい。
注6　宮田村役場みらい創造課、「宮田に住もう推進協議会」資料。

3 恒常的な夜間休日議会を考える

長野県喬木村議会の決断

　諸外国の事例を参照し、日本の現実を踏まえずに提起するのは論外だとしても、夜間休日議会は真摯に検討してもよい。多様な属性を有する議員を登場させる可能性が高まるからである。ただし、夜間休日議会だけで、政策提言・監視機能を強化した今後の地域経営を担う議会を創出できるかどうかは慎重な議論が必要だ。なお、イベントとしての夜間休日議会ではなく、恒常的なものをここでは想定している。

　長野県喬木村では、議員12人中4人がサラリーマンであり、その両立を可能とするためにまずもって構想され、2017年第4回定例会（12月）より夜間議会が実施される。マスコミの報道とは異なり、開かれた議会を実現する議会改革の一環として提起された（注1）。夜間休日議会の実施とともに、議員控室の改善（応接ではなく執務空間に）、議会ホームページの改善、議員研修費の獲得、タブレットの活用が提言されている（喬木村議会「開かれた議会実現のための提言書」17年9月4日、市瀬直史・喬木村長への提言）（注2）。その後、村長から回答が行われ、恒常的な夜間休日議会を含めて概ね「実現」の方向である（注3）。

　恒常的な夜間休日議会といっても喬木村は、「夜間・休日を原則とする議会」（『朝日新聞』17年8月10日付）ではない。本会議（開会・閉会）、一般質問検討会、会期前の議会運営委員会等は昼間開催する（表2-3参照）。また、議会・議員活

第2章　なり手不足の要因と課題

表2-3　2017（平成29）年第4回定例会会議日程（夜間案）〈資料：喬木村（一部省略）〉

月	日	曜日	時間	議会関係	備考
11	17	金			招集告示（一般質問通告開始）
	21	火			議案提出・請願陳情提出期限
	24	金	AM9：00	議会運営委員会（議案配布）	PM7：00議員全員協議会
	27	月	AM9：00	定例監査　　　　質問期間	広域連合会議
	28	火			全国治水砂防促進会議
	29	水			全国町村長大会
	30	木			
12	1	金	AM9：00	企画調整会議	AM10：00　稲葉クリーンセンター竣工式
	4	月	AM9：00	本会議（開会）　　質問期間	全員協議会・議員全員協議会（一般質問提出午後5時まで）
	5	火			一般質問通告修正締切（午前11時まで）
	8	金	PM7：00	予算決算委員会審議	
	11	月	AM9：00	一般質問検討会	
	12	火			
	13	水			PM3：00定例選挙管・PM4：00竜水苑連絡協議会
	14	木	PM7：00	社会文教委員会	
	15	金	PM7：00	総務産建委員会	
	16	土		本会議（一般質問）	予算決算委員会審議・議会運
	18	月	PM7：00	常任委員会（予備）	町村会連合会議
	19	火	AM9：00	本会議（閉会）	全員協議会
	25	月			PM1：30　村長選立候補予定者説明会　選挙管理委員会
	26	火	AM9：00	定例監査	財産区議会

注1：会期は変更しない。委員会開催日数は変更しない。常任委員会：事前に議案を調査研究する時間を十分とる。
　　簡単な質疑はこの期間に済ませる。委員会審議が終了しない場合は、最終日議会運営委員会を開催し、日程追加し
　　本会議に諮り対応する。
注2：「質問期間」は、委員会審議で十分討論できるように予め簡単な質問や疑問点があれば、議会事務局を通じて執
　　行部へ回答を求め、結果を議員全員で情報共有するために定めている（注4）。

動は会議に出席するだけではない。

　しかし、恒常的な開催では、執行機関職員の残業手当が増大する危惧もある。喬木村の職員は夜間休日も恒常的に村の行事等に出ており、その分、振替などで対応しているので違和感がないという（残業とするか振替とするかは職員に委ねられる。職員組合とも協議済み）。

　恒常的な夜間休日議会を採用するかどうかは、議会力がダウンしないかどうかにかかっている。喬木村議会の試みは、従来の議会運営を前提に計画されて

いるが、今後議会活動量が増加すれば、議事日程は大幅に変更される。村議会は、議会基本条例を制定し（14年）、その検証（17年7月）を行っている。また、一般質問の追跡調査（シリーズ「一般質問その後どうなった」）、議会モニター制度の導入、議会報告会・団体との意見交換会などの議会改革を積極的に行っている。今後、会期日数の増加も考慮して、通年議会や2定例会制の採用も考えたいという（下岡幸文議長）。

一部事務組合や広域連合の議会は現状では昼間開催である。また、視察や視察対応なども現状では昼間である。サラリーマン層の増大を念頭においているとしても、昼間に活動できる保障が不可欠である。

開催の際のポイント

恒常的な夜間休日議会の開催にあたっては、少なくとも議会力をダウンさせないことが前提となる。山形県庄内町議会は、町長からの提案に真摯に対応しつつも、恒常的な夜間休日議会には踏み切らなかった。町長は多くの人が町政に参加しやすい環境を作るというのであれば、夜間議会の実施を考えるべきだと発言した（13年12月議会）。町長は議員報酬を大幅に削減するボランティア議員を念頭に置いていた。一方、議会はそもそも議員定数や報酬をめぐって議会力アップの視点から調査研究を行ってきた（庄内町議会議員定数等調査特別委員会調査報告書）。それを踏まえて、議員定数を削減しながら（18人から16人）、議員報酬を月額5万円増額することを提案した。それに応えての首長発言だった。

庄内町議会は、首長提案に対して即断するわけではなく、夜間議会の方向での対案も模索している。今後考えるべき論点を確認しておこう（注5）。なお、日本の自治体の活動量（分野の包括性、財源・権限の多さ）は世界的に見て最も多い。

それを監視し政策提言を行う議会を創り出すことが前提となる。

① 議会運営は夜間議会で可能か

庄内町議会は、3月議会を例に通常行う11日間59時間（会期15日）を、夜間議会（17時45分から）として開催する場合のシミュレーションを行った。20日間60時間（会期28日）となる。他方、町長は質問時間の短縮、予算説明を全員協議会で行う、首長等の出席の必要性を吟味する、夜間議会に従事する職員の勤務時間を変更する、といった提案を行っている。また、土日開催も提案されている。

② 活動は本会議、委員会等だけか

仮に本会議や委員会の夜間開催が可能だとしても、それだけで議会・議員活動は担えるか。昼間開催する場合もあれば、また視察・調査研究の際には昼間に活動せざるを得ない。議会・議員活動を夜間だけで行うのは無理である。議会審議だけをイメージして夜間議会開催を強調することは議会強化の視点を欠落させ、住民自治からの逸脱となる。

③議会・議員のサポートの必要性

昼間勤務のサラリーマンが議員になる場合、政策提言・監視機能を弱めないための支援が必要である。議会事務局の充実や住民自身による個人的・制度的な支援などである。なお、半議員半Xは、この文脈でも必要である。また、サラリーマン層の議員を増加させるために、議会・議員の活動によって会社を休む場合、経済的な不利益を補てんする制度が必要である（本著後掲資料、参照）。この制度があれば、夜間議会の開催とその充実の可能性は広がる。

恒常的な夜間休日議会の留意点

　恒常的な夜間休日議会の検討の際の留意点を確認しておこう。

　①多様な層から議員を選出できるようにするために、恒常的な夜間休日議会は必要な場合もある。しかし、そもそも議会力がダウンしてしまえば、門戸を広げても議員には「ならない」。

　②恒常的に夜間休日に勤務するサラリーマンや自営業者の排除につながることを考慮する。今日、職務形態は多様化し、夜間勤務の職場も増えてきた（福祉関連など）。夜間休日議会が一概に議員の属性を多様化するとは限らない。今後、ワーク・ライフ・バランスの観点から、昼間仕事をして夜に議会に出席し、十分な審議をすることの妥当性も問われることになるかもしれない。

　③夜間議会は必然的にボランティア議員に結び付くわけではない。この点は、今後検討する。

第 2 章　なり手不足の要因と課題

注 1　2017 年 6 月 6 日告示の村議会議員選挙は無投票だった。そこで、村議会と喬木
未来塾（もっとむらづくりに責任を持とうという住民で構成。2017 年発足）との共
催で「たかぎのこれから　村議会議員に聞く」という議会報告会を開催した（9 月 27
日）。「配布できなかった公報」を配布し、議員一人ずつから意見を聞いている。興味
深い試みである。恒常的な夜間休日議会について、この議会報告会とともに、議会報
告会地区懇談会で住民に報告し議論している（10 月 1 日より、16 集落）。
注 2　議会運営委員会から議長への「議会運営に関する答申書」（2017 年 7 月 31 日）
に基づいている。
注 3　新聞でも、その評価は分かれる。日曜画家をとりあげ本業以外に打ち込んでも充
実した業績・成果を出せるとの期待から（「天声人語」『朝日新聞』2017 年 9 月 6 日
付）、実質的な審議が十分ではない議会をイメージしているもの（「マンションの理事
会倣う村議会」（田巻啓利、『朝日新聞』2017 年 9 月 7 日付））まで多様。
注 4　9 月議会より設定。議員に周知して質問期間を設けたが、提出議案に対しての質
問は 0 件だった。なお、今までは慎重審議が必要な案件について委員会前に勉強会を
行うこともあった。
注 5　庄内町の場合、夜間議会の前に、議員報酬増額を提案している。報酬増額には、
住民への説明責任が伴う。庄内町議会は、議会による 15 人の参考人意見聴取会や町
民と語る会を行い、また議員定数をめぐるシンポジウムを開催している。

43

4 女性議員を増加させる

女性議員を増加させる意義

　自治体議会では女性議員があまりにも少ない。その増加を「議員のなり手不足」問題の文脈から考えたい。現状では女性の立候補者を増やし、女性議員を増加させれば、なり手不足問題の一端は解決すると考えているからである。もちろん、女性議員の増加をなり手不足問題に矮小化させるわけではない。なり手不足という問題設定以外に、増加させる理由として地域経営にとって現場感覚からの判断が重要となることからすれば、地域に即した多様な属性を有する住民が政治にかかわる必要があるからである。年代とともに、性差はわかりやすい指標であり、あまりにも代表性が低い状況は、多様な属性による政治的決定の正統性を揺るがす。LGBT を含めてダイバー・シティの創造は重要なテーマとなっている。多様性の重視の社会では女性議員はあまりにも少ない。

　より積極的な理由がある。一つは、政策の多様化が実現できる。高度経済成長期には福祉や環境は「女子ども（おんな・こども）」問題として争点群の下位に置かれてきたが、今日まさにこの問題が政治的争点のトップに躍り出ているからだ。

　待機児童の問題、ドメスティック・バイオレンス、防災における女性の視点、といった政策が「女性議員によって牽引されてきた」（注1）。

　もう一つは、議員を含めた女性の活躍が地域活性化と連動しているからだ。たとえば「女性の活躍度が高い都道府県ほど1人当たりの県民所得が高い」状況がある（注2）。この女性の活躍度の指標には、行政管理職、専門技術職と

ともに、都道府県議会議員や市区町村議員の女性の割合が含まれている。地域にとって重要な争点を意識し、地域を活性化させるには、女性の進出が政治の場でも不可欠だ。

女性議員が少ない理由

　女性議員の少なさだけではなく、より広く日本の女性の社会進出ランキングはあまりにも低い。男女格差の度合いを示す「ジェンダー・ギャップ指数」では、日本は世界144か国中114位と後退した（世界経済フォーラム「世界ジェンダー・ギャップ報告書（Global Gender Gap Report）2017」、16年は111位）。

　女性議員の少なさには、経済的要因（性別役割分業）、文化的要因（男尊女卑）、心理的要因（能力評価）、社会的要因（インフォーマルな権力構造）とともに政治的要因（政党競争）、制度的要因（選挙制度）があげられる（注3）。この中で短期的に有効だと思われる政治的及び制度的要因の改革のみ確認しておこう。

　日本では、政党が意識的に女性議員を増加させることはしていない。都道府県、指定都市、特別区等以外では、無所属議員が多い。ただ、日本共産党では都道府県議会、市議会、特別区において女性議員の比率が高くなっていることから「同党の女性候補を擁立する方針が効果を上げ」、また公明党では、町村議会で半数近くが女性議員となっていることから「同党の方針が垣間見える」（注4）。

　市町村議会議員の大選挙区単記非移譲式という選挙制度は、小選挙区制度よりも女性議員を当選させやすい。しかし、実際には地区代表となっており小選挙区制と同様に機能することもある。また、都道府県議会議員は選挙区選挙であり、1～2人区が多い。

女性議員を増加させる手法

　女性議員が過半数となっている議会は神奈川県葉山町（13人中7人。定数14人）、半数なのは同県大磯町（14人中7人）である（17年）。大磯町では、地域活動に女性が積極的に取り組み女性を議員とする文化があったという。大磯町の場合、1987年には女性が5人（定数22人）、2003年には9人と半数に、07年には8人（定数14人）と過半数となった。議員報酬の低さが「大磯町で女性議員比率が高い理由の一つ」という指摘があるが（注5）、月額約32万円である。町村議会の全国平均からすれば、この指摘には違和感があるが、次のように理解すれば失当とはいえない。つまり、地理的に東京から近くサラリーマン層は、生活を維持するためにはその報酬額では低すぎる。一般に町村では、区長（自治会長）を終えた高齢男性が議員候補となる。しかし、大磯町では、地域活動を担い地域に支えられて女性が立候補する土壌が培われてきたという。葉山町の場合（報酬月額約40万円）、85年の町議補選で女性議員が当選し、その後95年には25％、11年には50％に達した。当初、神奈川ネットワーク運動という市民運動の高まりで女性議員が当選した。その後も地域活動に熱心に取り組む女性が立候補することになっている。

　このように、専業主婦の厚い層と女性が担う地域活動がこの二つの町にはあった。専業主婦の厚い層は、一般化できないが、地域活動を担う女性は全国に見られる。これを前提に、女性議員の増加を意識的に進める手法を考えよう（法改正は別途検討）。

　女性は地域で積極的に活動している。ボランティア活動なども女性は積極的に活動している。活動にとって必要なのは、議員の資質ともかかわる。情熱、結果責任、判断力（目測能力）、それに十分なネットワークである。それを立候補につなぐのには大きな壁があるのだろう。

第2章　なり手不足の要因と課題

① 議会を応援する女性を増加させる

地域活動で活躍している女性の多くは、議会・議員と接触していない。そこで、多様な女性を議会の周りに配置する議会サポーター制度、議会（だより）モニター制度は重要である。これらの女性比率は議会のそれよりも圧倒的に高く、議会・議員の「応援団」、「予備群」になりうる。表2-4を参照していただきたい。最初に議会モニターを設置した三重県四日市市、議会モニター関与者を議会改革諮問会議メンバーとした北海道芽室町では、議員の女性比率よりも大幅に高いことがわかる。

長野県飯綱町議会は、意識的に女性を登用し立候補の意識を高めようとした。17年10月の選挙では定員15人に立候補者は1人超過の16人にとどまったが、当選した新人議員5人のうち4人が議会だよりモニター、政策サポーター経験者であり、男女同数であった（議会全体では男性12人、女性3人）。新人議員発掘でも、また女性議員発掘でもこれらの制度は有効であることを示した。

表2-4　議会モニター等の男女別数

	性別	20代	30代	40代	50代	60代以上	計
四日市市	男	0	0	1	3	20	24
	女	1	0	3	2	11	17
芽室町Ⅰ	男		2		9	2	13
	女		3		1	3	7
芽室町Ⅱ	男		1		2	1	4
	女		1		0	0	1
飯綱町Ⅰ	男	0	2	3	1	17	23
	女	0	2	4	13	8	27
飯綱町Ⅱ	男	0	0	5	1	1	7
	女	1	0	1	4	3	9

注1：芽室町Ⅰは、議会モニター、Ⅱは議会改革諮問会議、飯綱町Ⅰは議会だよりモニター、Ⅱは政策サポーター、である。四日市市の20代は、10代も含む。
注2：データは、就任時のもの（2017年度）。ただし、飯綱町Ⅱは2015年度のもの。

47

②会議規則・議場を改革する

　従来、市町村議会議員が産休により議会を欠席する場合、その根拠がなく事故の届けを出さざるを得なかった。17年に入って全国市議会議長会や全国町村議会議長会の標準会議規則が改正された。たとえば、町村議会議長会標準会議規則では、「議員が出産のため出席できないときは、日数を定めて、あらかじめ議長に欠席届を提出することができる。」（規則2②）が挿入された（注6）。

　また、女性議員の進出を阻む議会運営が存在している。育児は女性だけが担うわけではないが、現状では女性に大きな負荷がかかっている。子どもを保育園に入園させることが困難なことから（選挙運動期間や入園の際の基準など）、女性が立候補を躊躇することも多い。熊本市議会では女性議員が乳児同伴で議会に出席しようとしたが、会議規則上認められなかった（17年11月22日）（注7）。女性だけの問題ではないが、議会内に託児所や託児スペースを配置することも女性が議会に進出するための今後の課題である（注8）。那覇市議会のように、傍聴席に子ども同伴が可能な防音整備のある傍聴室を設けることも行われているが、これを広げるとともに、もう一歩の制度化も必要である。

③政党・議員も変わる

　政党が積極的に女性進出を促進する必要もある。また、意識的に女性議員を増やすためには、男性議員の後継者として女性議員候補者を発掘することも重要である。「第3回町村議会改革シンポジウム in 長野」（17年7月7日）において、「自分の後任にはぜひ女性を後継者にしよう」と登壇者が会場の男性議員に呼びかけていた。もちろん、女性の多くが女性議員の進出を当然とする文化の醸成も必要である。

④「男社会」を変える

　地域活動団体が女性の立候補を支援することも積極的に行うことが必要だろう。

　なお、女性の立候補を拒む要因として、男社会の地域や家族があげられている。ただし、地域活動・ボランティア活動を担っている女性は、そうした社会や家族であっても活動している。相対的に考えれば、また緊張関係もあるだろうが、活動に対して理解しているのではないだろうか。女性議員の立候補には、一般に男社会から拒まれるとすれば、まずもってこうした活動をしている女性に立候補打診することは効果がある。もちろん、地域活動と議員活動には大きな壁がある。それを砕くには男社会を変えることが必要だ。それを行うとともに、まずは身近な家族や地域で一緒に活動している仲間に働きかけることが近道だろう。意欲ある女性は、議員との対話集会や、立候補を支援する会議に仲間と参加することも必要だ。

　地域活動・ボランティア活動は政治と一線を画すことは理解できる。それらの活動を政治の舞台に登場させることも重要な議員の役割である。

注1　大山七恵「女性議員は自治体議会を変えるか」『都市問題』2019年1月号。

注2　林玲子「地方消滅のカギを握る女性と移動——『若年女性の都市集中』の分析」『読売クオータリー』2016年冬号、76頁。

注3　三浦まり「女性の政治参画を阻むもの」『Voters』38号（2017年6月）。内閣府「政治分野における男女共同参画の推進にむけた地方議会議員に関する調査研究報告書」2018年3月、参照。

注4　金子優子「自治体議会における女性議員及び若年議員の増加策について」『ガバナンス』2017年5月号、26頁。ちなみに、自民党は都道府県50.0（3.1）％、市8.8（6.0）％、特別区32.8（13.2）％、町村0.9（6.1）％という占有率である（括弧内は女性議員比率）。金子は、山形県内の地方議員調査でも、共産党と公明党の方針が女性議員選出に好意的であると分析している（「日本の地方議会に女性議員がなぜ少ないのか——山形県内の地方議会についての一考察——」『ジェンダーと政治過程』木鐸社、2010年）。

注5　大山七恵「女性の政治参画を促進、疎外する構造・制度要因」『東海大学紀要文学部』第88号（2007年）、171頁。

注6　今回の改正は、有村治子男女共同参画担当大臣が全国町村議会議長会や全国市議会議長会に要請したことによる。産休欠席は国会（参院2000年、衆院01年）でも、都道府県議会議長会標準会議規則（02年）でも既に改正されている。

注7　問題提起として肯定的に評価する論評として、「社説　問題提起に向き合おう」『朝日新聞』17年12月4日付。議員が休憩時間に議員控室で授乳しながら本会議に出席した例があげられている（沖縄県北谷町、17年9月）。

注8　世界の国会での「赤ちゃん連れ」の動向は、http://www.huffingtonpost.jp/2017/11/22/kumamoto_a_23285061/、（17年11月30日アクセス）に詳しい。

第2章　なり手不足の要因と課題

5　議会間連携によるなり手不足解消の模索と
法改正の提言

議会間連携による議員のなり手不足解消の模索

　議員のなり手不足は、地方議会に共通する課題である。そこで、地方議会がそれぞれ研究を進めるとともに、共通の課題を有する「仲間」として検討することも必要である。すでに指摘したように、長野県の町村議会のいくつかは、継続的にまさにこの共通テーマについて一堂に会して議論を行っている（注1）。第1回町村議会改革シンポジウム（2016年7月8日）では12町村議会が参加し、議員のなり手不足や報酬・定数等を議論した。第2回（17年1月17日）では、政策提言のあり方と議員のなり手不足を集中的に議論した（18議会参加）。第3回（同年7月7日）では、同じ二つのテーマで議論を行った（17議会参加）。現場の悩みに実践的に議論し解決策を検討している。事務局が飯綱町議会から軽井沢町議会へと移行し第3回第4回が開催された。このような役割分担は議論を継続させる要因となる。

　全国的に自主的でしかも継続的な取り組みが広がること、現場を踏まえたこれらの蓄積からまとまった提案が出されることが期待される。

　なお、議員報酬についての浦幌方式をあみだした北海道浦幌町が位置する十勝町村議会議長会は、「十勝標準」を提案している（注2）。こうした提案を議長会が行うこと、さらに後述するような国への意見書・要望書の提出など、「闘う知事会」ならぬ「闘う議会」「闘う議長会」を創り出している。

51

法改正への現場からの提言

①議会からの政策法務

　議員のなり手不足の解消の模索について確認してきた。これらはいわば現行法の下での模索である。しかし、「なれない」要因を考慮すれば、現行法自体を改正する必要もある。そこで、現場の実情を踏まえながら、国に対して意見書・要望書を提出している議会、議長会がある。

　北海道浦幌町議会は、なり手不足に危機感を抱き、①地方議会の役割（議員定数・報酬）、②監視・評価機能の強化、③調査、研修、政策立案機能の充実、④議会組織、議会運営のあり方、⑤町民に身近な・開かれた・町民参加の議会、という五つの視点から検討している。このうち①において、議員のなり手不足を位置づけている（注3）。既に指摘した議員報酬（増額）をめぐる浦幌方式は、議会改革の一環として提起されたものである。

　この中には、当該議会で解決できる課題とともに、法改正が必要なものがある。それを検討するとともに、それらの事項を意見書として国に提出した（表2-5参照）。被選挙権年齢の引き下げ、補欠選挙を当該自治体（要するに首長）の選挙だけではなく他の選挙が行われるときにも可能とすること、公営選挙の拡大、「若者手当」「育児手当」の制度化、企業側を支援する「議員チャレンジ奨励金（仮称）」の制度化、などである。

　浦幌町議会は、「地方議会議員のなり手不足を解消するための環境整備を求める意見書」を全会一致で可決し（17年3月15日）、国に提出した。しかし、国からは何の対応もないという。誠実な対応が求められる。

　その後、十勝町村議会議長会が提案し北海道町村議会議長会は総会（6月13日）において同様の内容の要望書を国に提出することを決めた（要望書は7月に

第 2 章　なり手不足の要因と課題

国に提出）。浦幌町議会の意見書のうち労働法制、公営選挙の拡充、「議会制度の位置づけ、労働環境の改善、社会保障制度の充実、少子高齢化対策、女性活躍社会のための法的及び基盤整備」、厚生年金制度の加入のための法整備・退職金等の支給の検討が取り上げられている（表 2-5 中の浦幌町議会の意見書の番号 9、4、10、7 と同様）。

　住民総会の検討を開始した高知県大川村では、一方で議会として研究を進めるとともに（「保留」の答申が議会運営委員会より提出されている）、他方では大川村と高知県（ともに執行機関）とが共同で「大川村議会維持対策検討会議」を立ち上げ（17 年 6 月 22 日）、「大川村議会の維持に向けた方策について（中間のとりまとめ）」を策定し、これに基づき野田聖子総務大臣に提言した（12 月 18 日）。兼業禁止規定の緩和および「専業議員の活動量を大幅に増加し、これに応じた十分な報酬を支給する仕組み」が提案されている（表 2-5 参照）。

表 2-5　自治体からの提言（浦幌町議会、大川村・高知県）

浦幌町議会	大川村・高知県
1 議員の職責を地方自治法上に明確化し、議員の活動基盤整備を図ること。 2 被選挙権についても 18 歳以上とすること。 3 公職選挙法の補欠選挙の規定を「同一の地方公共団体の他の選挙が行わるとき」から「他の選挙が行われるとき」などに改正すること。 4 供託のあり方を含めて、選挙運動用自動車使用、選挙運動用ポスターなどの選挙公営の拡大を図ること。 5 現行の「再選挙制度のあり方」について、無投票当選制度及び補欠選挙制度との関係を含め総合的に検討すること。 6 若者などの議員のなり手不足を解消するため、議員報酬の期末手当の位置づけを整理し、若者手当、育児手当などの支給を可能とするよう検討すること。 7 地方議会議員の厚生年金制度加入のための法整備あるいは退職金等の支給について検討すること。 8 厚生労働省が実施している若者チャレンジ奨励金の類似制度として、企業側に支援する「議会議員チャレンジ奨励金」（仮称）の制度化を検討すること。 9 労働基準法第 7 条において被選挙権の位置付けを明確化するとともに、休職、復職あるいは議会活動のための休暇もしくは変則勤務などを含めた環境整備を図ること。 10 議会制度の位置づけ、労働環境の改善、社会保障制度の充実、少子高齢化対策、女性活躍社会のための法的及び基盤整備を図ること。	1 地方公共団体から補助金の交付又は指定管理者の指定を受けることが、地方議会議員に禁止される「請負」に該当するかどうか、通知等により明確にすること。 2 一定の代替的チェックの仕組みを設けることを前提に、例えば非営利事業を主とする法人の役員等を地方議会議員が務める場合については請負禁止の対象外とするなど、地方議会議員の請負禁止の範囲を見直すこと。 3 議会の政策立案・政策調査活動の強化を図っていくことなど通じて、専業議員の活動量を大幅に増加し、これに応じた十分な報酬を支給する仕組みを可能とすること。

注：浦幌町議会「地方議会議員のなり手不足を解消するための環境整備を求める意見書」2017 年 3 月 15 日（抜粋）、大川村・高知県「大川村議会維持に向けた提言について」2017 年 12 月 18 日、より作成。

53

これらは「議会からの政策法務」といえる（注4）。国会や総務省は、これらの現場からの声に誠実に応える責務がある。

②議会・議員をめぐる法改正の動向

　議会・議員をめぐる法改正について新たな動向がある。たとえば、総務省に設置された「地方議会・議員に関する研究会」の報告書は、「選挙制度選択制」を提案している（17年7月）。選挙運動に関する公職選挙法改正は、暫時行われているが（マニフェスト配布等）、市町村における大選挙区単記非移譲式や都道府県における選挙区選挙といった選挙制度は変更されていない（都道府県における選挙区の「郡市」規定は撤廃）。たとえば、市町村議会議員選挙の選択制の一つである制限連記は、有権者にも候補者にも分断化志向を植え付けていた制度から地域全体を視野に入れることを可能にする。同時に、女性議員の増加にもこの改革は役立つ。とりわけ、なり手不足に悩む小規模自治体の即効薬になる。

　折しも、国会や地方議会で女性議員を増加させるための「政治分野における男女共同参画推進法」が超党派の議員連盟によって提案され可決された（2018）。「できる限り均等」を目指す努力義務を課す推進法なので、クオータ制、パリテ法とは異なる（注5）。また、なり手不足に悩む小規模自治体議会では、無所属が圧倒的に多い。とはいえ、まったく政党を打ち出した選挙がないわけではなく、また無所属といっても政党に属している議員も少なくない。推進法は意識を高め、女性議員を増加させる一歩になる。

＊

　議員のなり手不足を一気に解消できる手法はない。議会・議員の魅力を向上させること、条件を整備すること、地域力をアップさせることが求められる。これらには日常的に意欲的な努力が必要である。「住民自治の根幹」としての

議会を作動させることがなり手不足解消の正攻法である。同時に、法改正も地方議会間連携によって実現したい。

注1　筆者は、これらの集まりで基調講演を行っている。そこでの議論の一部を本連載で活用させていただいている。なお、この3回分のシンポジウムの充実した報告書が作成されている。

注2　戸水裕也「議員活動からみた議員報酬の検討〜『十勝標準の試算』」『議員 NAVI ((ウェブ版)』2017年8月25日。

注3　北海道浦幌町議会『第2次議会の活性化・議員のなり手不足の検証（最終報告書）』2017年3月。

注4　江藤俊昭「議会の政策法務」、北村喜宣・山口道昭ほか編『自治体政策法務』有斐閣、2011年、参照。

注5　日本の国政の選挙制度における「地域クオータ」制度に対して「ジェンダー・クオータ」制度の視点を強調する論稿も含まれている、三浦まり・衛藤幹子編『ジェンダー・クオータ』明石出版、2014年（2刷において追記が含まれている。2017年）を参照。

第3章

議員報酬をめぐる論点

1 問われる議員定数・報酬
―住民自治の進化・深化の視点から考える

重要な争点となった議員定数・報酬

　二つの意味で、議員定数・報酬が問われている。一つは、議会が住民に見えず、「議会不要論」の立場からその削減が主張される。追認機関化した議会や、政務活動費を不正受給する議員の存在などによって加速化される。もう一つは、「住民自治の根幹」としての議会を作動させるべく、その条件として定数・報酬を考え時には増加させるものである。

　簡単ではないことを承知の上で、後者を作動させることが前者の発想を克服する正攻法であり、そのことが住民自治を進化させると考えている。

　議員のなり手不足の解消には議会・議員の活動条件の整備が必要なことを示唆してきた。そこで、議員定数・報酬について住民自治を進める視点から考えることが必要である。何度も強調するが、報酬増がなり手不足の解消の唯一の手法ではない。議会・議員の魅力づくりが基本である。

　本著では、定数・報酬を考える上での視点を確認することから出発する（注1）。その際、現行の制度や活動を前提とした視点を提示する。その上で、定数・報酬についてそれぞれ考え、それらの議論を踏まえて住民自治を進める条件として定数・報酬（逆に、それらについて住民が議論することで住民自治を進化させる）を捉えることを強調する。

長期的な制度改革を踏まえた議論も可能ではある。とはいえ、それでは現実の悩みには答えられない。将来の大幅改革を視野に入れながらも、現状での改革提案、住民自治を進化させる議会の定数・報酬を考えたい。そうだとしても、これらには、さまざまな変数（留意点）がある。多変量解析とはいえないまでも、さまざまな留意点を考慮しながら議論してベターな選択をせざるを得ない。定数・報酬は、自然科学ではなく政治（決断）であり政策である。だからこそ、説明責任を伴う。

定数・報酬を考える7原則と三つの留意点

(1)定数・報酬を考える7原則
筆者は、定数・報酬を考える7原則を提示している。再確認しておこう。

①答えのないテーマであり、自治体がそのポリシーを示す。議員定数は、従来自治体の人口規模で決まっていた。その後法定上限数に改正され、今日ではそれも撤廃され、それぞれの自治体が自らの責任で決めることになった。また、そもそも報酬は（一般的には特別職報酬等審議会の答申を経て）条例で定めることになっている。したがって、それぞれの自治体、とりわけ議会がそのポリシーを示さなければならない。

②議員報酬と定数は別の論理。「議員定数を半分にして、報酬を増額する（たとえば、2倍）。そうすれば、若い人も議員になれる」。議会費をいっていとした想定からこうした提起が行われる。気持ちはわからなくはないが、また一時的に住民の納得を得ることも可能かもしれないが、「そもそも報酬や定数の根拠は何か」、という問いが発せられる。それぞれを独自に説明しなければならない。

59

③行政改革の論理とはまったく異なる議会改革の論理。「議会改革をやっています。まず定数の削減からはじめました」。最近では少なくなったが、数年前に時々聞かれた議員の声である。愕然とすることがよくあった。行政改革は削減を優先させる効率性を重視する。それに対して、議会改革は地域民主主義の実現である。住民自治をどのように創りだすかということから出発しなければならない。定数・報酬を考える場合も、住民自治を充実させるための条件として議論しなければならない。また、この議会改革が執行機関の行政改革を促進することを再認識すべきである。

④現在の議員のためだけではなく、多くの人が将来立候補し議員活動がしやすい条件として考える。定数・報酬を考えることは、新しい議会を創りだすために必要である。同時に、これは現在の議会のためだけではなく、多くの多様な住民が将来議員になりやすく、また活動しやすくする条件である。持続的な地域民主主義の条件として考える必要がある。「住民の声の実現」として削減に邁進する議会・議員は、将来をみすえれば住民に対する背信行為となる場合があることは自覚すべきである。

⑤増加できないあるいは削減の場合は、住民による支援が不可欠。財政的問題から本来定数・報酬を考えるべきではないが、どうしても危機的状況から考えなければならないこともある。増加させたくともできない、あるいは削減せざるを得ない場合もないわけではない。この場合には、議会力をダウンさせないために、議会事務局の充実や、住民と議員とが一緒になって地域課題について調査研究するなど（長野県飯綱町など）、住民による政策提言・監視の支援を制度化すべきである。

⑥住民と考える定数・報酬。これが必要なのは、住民からの批判が多いテーマへの説明責任という意味がある。それ以上に重要なことは、定数・報酬は新しい議会運営の条件であり、さらにその議会運営は住民自治に不可欠なものである。つまり、住民自治の問題であるがゆえに、定数・報酬を住民とともに考えなければならない。議会は住民自治を進める視点で住民と語る必要がある。専門家などを含めた第三者機関による提案を素材とすることも有効である。

⑦「後出し」ではなく周知する十分な期間が必要。定数・報酬は、住民が議員に立候補する際に考慮する重要な条件である。それを、選挙半年前に削減を行うことは、現職議員の都合で決める、じゃんけんの「後出し」のようなものである。2年前、遅くとも1年前には周知できるように準備を進めるべきである。

⑵　定数・報酬を考える三つの留意点

以上は、定数・報酬を考える場合、常に意識していただきたい7原則である。ただし、留意点もある。三つの留意点を確認しておこう。

①議員の資質・能力
専門性を有した人材と多様な（市民性を有した）人材とを対立して捉える議論も見受けられる。しかし、そもそも住民は今日専門性を有する（多様な職業や子育てなどを念頭においていただきたい）とともに市民性を有している。議員と住民とを隔てるのは、情熱と選挙に当選するネットワークの有無である。この延長に、議員は、議決責任の自覚とコミュニケーション能力が必要になる。

②議員の身分（性格）

「非常勤の特別職」だと専門家が強調することを聞いたことがある。「特別職」という規定はある（地方公務員法３③Ⅰ）。しかし、非常勤という規定はどこにもない。たしかに、誤解を与える規定はあった。非常勤の特別職と一緒の条文で、報酬が規定されていたことである。それも改正されている（自治法203）。ただし、常勤職とも規定されていない（筆者は現時点では給与と直結するこの規定は必要ないと考えている）。そこで、非常勤という誤解を払しょくするためだけではなく、議員の役割を明確にする意味で自治法に公選職等の規定が必要である（注2）。それ以前に条例で規定することは可能である。とはいえ、その規定によって、定数・報酬が自動的に決まるわけではない。

③セットとしての支援策

新たな議会を担う議員を支援するのは報酬だけではなく、手当等、政務活動費、議会事務局・議会図書室の充実強化などとともに総合的に考えなければならない。たとえば、議会事務局・議会図書室の充実強化によって、政務活動費をより有効に活用することができる（時には削減も可能）。また、議会不信が蔓延している状況では実施するべきではないと考えているが、使い勝手が悪い（事務量の増大を招く）政務活動費を削減し報酬に上乗せすることなどは想定できる。こうした議員を支援する条件のセットとして考えることが必要である。

これら三つの留意点を考慮しつつ、7原則の議論を巻き起こしてほしい。以下、定数・報酬を具体的に考えることにしたい。筆者が考える最適基準、とはいっても議論する際の基準を提示するに過ぎない。何度も強調するが、科学的な根拠ではなく、あくまで住民と、あるいは議員間で考え討議する素材として活用してほしい（表3-1参照）。

第3章　議員報酬をめぐる論点

表 3-1　地方議会の定数・報酬を考える原則と留意点

定数・報酬を考える原則と留意点（共通）：新たな議会を創り出す条件
＜七つの原則＞ ① 自治体のポリシーで決める ② 定数と報酬は別の論理 ③ 行政改革の論理と議会改革の論理はまったく別 ④ 持続的地域民主主義の実現（将来議員になる住民の条件としても考える） ⑤ 住民の支援を考える（政策提言・監視にかかわる住民） ⑥ 住民とともに考える（シンポジウム開催、審議会） ⑦ 変更する場合、充分な周知期間が必要 ＜三つの留意点＞ ① 議員の資質・能力の向上（議員は、専門性と市民性を有する住民という性格を持ちつつ情熱と選挙に当選するネットワークが必要、議員となればそれらに議決責任とコミュニケーション能力が問われる） ② 議員身分の中途半端さを考慮（専業職でも非常勤でもない、特別な身分＝公選職） ③ 議会事務局・政務活動費等とセットとして考える（定数・報酬だけではなく新たな議会をつくり出す条件も体系的に整備）

定数を考える原則と留意点	報酬を考える原則と留意点
＜原則＞ 討議できる人数 ＊委員会数×少なくとも 7.8 人、本会議主義の場合 10～15 人 ＊現行では多様性の要素を加味してその数にプラス ＜五つの留意点＞ ① 委員会数の確定（まずは一般会計規模） ② 委員会の複数所属は慎重に（委員会の調査能力を弱体化、ただし小規模議会では次善の策） ③ 面積要件の加味（多様性を重視：中山間地域出身議員を少なくとも委員会に複数配置） ④ 住民参加によって議員力をアップ（委員会的なもの・研究会に住民が参加：定数の少なさを補完） ⑤ 議長のカウント（原則にプラス 1 として、議長を全体のリーダーに）	＜原則＞ 原価方式（会津若松市議会方式）がベター ＊住民と議論する素材として活用 ＊自己評価でも住民福祉の成果を示すことが必要 ＜五つの留意点＞ ① 時間給でも給与でもない（公選職） ② 活動量によって変化する可能性 ③ 夜間議会の可能性（日本の地方自治体の活動量とそれを監視し政策提言する議会の役割を再確認、夜間議会の可能性はあるとしても労働法制等の改正がなければ議会力の弱体化に） ④ 期末手当（給与とは連動しない、独自の論理が必要）、その他の手当は今後議論（育児手当等） ⑤ 報酬を区分する発想は客観的基準（議長・副議長、期数）か、妥当ではない（成果主義、期数）か、次善の策（年齢）か、慎重な議論が必要（日当制）。

議員定数の根拠—住民代表性から議員間討議へ

定数の基準を考える原則

　七つの原則を踏まえて定数を考える基準を考えたい（注3）。従来の発想は、住民何人に対して議員一人、といったように住民の代表性を中心に設計されて

いた。大都市と農村では実質的にその割合が異なっているのは、面積要件も加味されていたからである。二つの要因から住民代表性の基準は現実と乖離している。

　一つは、戦後一貫して人口（有権者数）は増大してきたにもかかわらず、議員数は減少した。平成の大合併では、約6万人から3万強へと激減している。発想は、いまだ代表性であっても、その実数は大幅に少なくなっている。もう一つは、住民参加の充実により、住民代表性を担う主体やチャンネルは議会・議員だけではなくなっている。

　筆者は、住民代表性の発想は地方分権改革にともなって動き出した新しい議会（協働型議会）には馴染まないと考えている。新しい議会像から定数の基準を探ることが必要である。住民参加を豊富化し、それを踏まえて首長等と政策競争する。このためには機関として議会が作動する必要がある。それには議員間討議が不可欠である。新しい議会に適合する定数は、討議できる人数を基本として、その討議を豊富化させるために住民が議会運営にかかわる手法を想定している。

　一般に、定数について両極からの議論があるが、筆者は採用していない。一方では、多様性を重視する議論＝住民代表性と直結する議論がある（増加・維持重視）。しかし、多様性の範囲が確定できないとともに、議会への住民参加の充実はその代表性の意義を減少させている。他方で、機動的に動ける人数という議論もある（削減重視）。しかし、機動性は執行機関に求められる。議員定数を考える場合、第一義的にはこの議論は採用すべきではない。

　そこで、定数の原則を確認しよう。討議できる人数として一委員会につき少なくとも7〜8人。これに委員会数を乗する数が定数となる。なぜ、討議できる人数がこれか。科学的な根拠があるわけではない。委員長がいて、両脇に3人ずつ委員が配置されることで積極的な討議ができるという経験知である（会

津若松市議会では7、8人）。筆者の提案の理由の一つは、自由に討議する公共空間を創りだすことである。人数の少なさは自由な討議を可能にするが、少数意見を出しにくいという課題もある。少数ではあろうともそれに賛同する意見が出て討議は展開する（注4）。

また、今日自由な討議空間の創出の手法としてワールド・カフェが実践されている。これは1グループごと、6人以下が条件となっている。討議するにあたって他者を気にしない人数であることがその理由となっている。議会は、自由な討議を必要とするが公共空間であり、常に住民を意識する恒常的な討議であるならばその人数を超える必要がある。

以上のように、定数の基準は討議できる人数を提示してきた。それを修正するということではないが、その原則に加味する基準も考えたい。多様性である。この多様性は、住民参加の充実があれば、議会の中で再生され、討議できる人数の基準でも可能である。しかし、議員が均一化すれば、その多様な住民の声は議会の場では開花しない。たとえば、女性議員を複数にするには、現時点では本会議主義を採用する場合、定数を10〜15人は必要であると強調しているのはこのためである。当然、2常任委員会ではクリアできる定数である。また、中山間地域出身議員は、いなくなるか少数になっている。そこで、少なくとも1常任委員会に2〜3人は配置されるように、面積要件なども考慮してよい。常任委員会数自体は変えず、常任委員会の定数7〜8人を超えて配置するものである。討議できる人数という基準の修正というより加味する要素と考えたい。

報酬の根拠―役務の対価のエビデンス（証拠）を―

今日、報酬削減を行なっている議会とともに、増額する議会も増えている（群

馬県みなかみ町、同榛東村、北海道芽室町、白山市、滝沢市など）。議会の役割の高まり、多様な人材確保という理由からである。たしかに、報酬増額の理由である。しかし、その基準は明確ではない。そこで、役務の対価といわれる議員報酬の基準を考えることにしたい。

　議員報酬を考える場合、原価方式（積算方式）、比較方式（類似団体比較）、収益方式(成果重視)が想定できる。比較方式は、参考にはなるが根拠としては弱い。収益は重要であるが、その算定方法は確立しておらず、それと報酬とを関連づけることは困難である。もちろん自己評価であれ議会としての収益を住民に発信することは必要である。なお、身分給だと豪語する議員がいるが、まったく根拠がない。住民から批判されるだけである。

　そこで、このうち原価方式を基礎に調査を行った会津若松市議会の試みが広がっている。議会活動（A領域）、議員活動（B領域）、議会活動・議員活動に付随した活動（質問や議案に関する調査等）（C領域）、それ以外の議員活動（議員としてかかわる住民活動等）（X領域）を中心にそれぞれ時間数を選定する。選挙・政党活動（政党助成金の対象）はこの限りではない。そこで算定された時間数（正確には1日8時間でカウントした日数）を、首長（それだけではなく副首長、教育長の平均を採用している自治体もある）の活動日数と比較する。その割合に基づき、首長の給与から議員の報酬を割り出すというものである。

　もちろん、首長給与と連動させる根拠の説明が必要である。選挙で選出される公職者であるという共通性とともに、首長の給与は当該自治体の民間（そして一般の公務員）の給与水準と連動しているためである。なお、すでに何度も強調しているが、会津若松方式によって導き出された数値は、住民と議論する際の素材であって、科学的な基準ではない。また、議員活動を示しただけでは、「だから？」と住民から言われるだけである。住民福祉の向上につながったのかを自己評価であっても説明することが必要である。「議会からの政策サイク

ル」とその評価は、その一つの手法である。

　報酬のことなど問題とせず「政治のために生きる」ことが崇高で、報酬をとやかく問題にすることは（「政治によって生きる」）、政治を堕落することにつながると主張する人がいる。議会・議員活動が活発化し「名誉職」では成り立たない中で、それで議員になる者は、裕福な人か、年金生活者か、いま裕福でなくとも議員になることでそれを目指す者である。その人たちが俗世間の誘惑に絡めとられない保障はない。

　「政治のために生きる」ことと「政治によって生きる」ことは矛盾しない。

住民自治を進化させる定数・報酬の議論を！

　定数・報酬は住民自治の問題である。議会の条件整備であり、それらを議論することで住民自身が自治を自覚するからである。積極的に住民と定数・報酬（両者あるいは片方）を考えている議会もある。筆者がかかわった議会だけでも、白山市、滝沢市、総社市、真庭市、栗山町、飯綱町などがあり、北海道芽室町は住民よる議会改革諮問会議が設置され答申が提出されている。

　まさに、定数・報酬は新たな議会を創り出す条件であり、それを住民と考えることで住民自身も住民自治を再確認する。たとえば、総社市では定数を住民と考えるパネルディスカッションを開催した。事前に行われていた住民アンケートでは、定数について「わからない」「削減すべき」が多かったにもかかわらず、パネルディスカッション後のアンケートでは、「現状でよい」52. 5％「増やすべき」5.0％「減らすべき」27.3％、となっている。議会・議員に好意的な参加者だった可能性は皆無ではない。とはいえ、議員定数や報酬をめぐって、議会が住民の前で語ることで、住民も住民自治のあり方、議会や議員の役割を確認する場となっていた。逆に、この場を設けない中での住民

意見は、削減の意向が強いというのが現状であろう。議会改革に関する意見を募るために委員を公募したある議会では、その意見では定数の削減や報酬の大幅削減が提案されていた。まず、議会活動を知らせる努力が必要である。芽室町議会では、議会モニター等で議会を監視し活性化させようという住民に定数・報酬を考える審議会委員になってもらっている。

　議会は議員のものではなく住民のものである。したがって、住民投票などによって住民が定数を決める（大きな影響を与える）ことは首肯できるように思われる。定数が条例事項であることを根拠にして現状に安住している議会に警鐘を鳴らすものである。しかし、定数は議会運営と密接な関係がある。首長等と政策競争する機関競争主義を作動させるために、議会にどうような権限を与えるかから始まり、本会議中心か委員会中心か、議会事務局の強化は…こうした議会運営と定数は密接な関係がある。報酬も同様である。山陽小野田市で行われた住民投票は議会の組織や運営の議論と切り離して定数（24から20以下）だけが対象になっている。まさに、「自治の切り売り」である。住民投票を行うならば、定数を議会基本条例に書き込みその全体を、あるいは自治基本条例に定数を含めた議会条文を多数規定してそれを住民投票にかけるならば理解できる。

　議会改革は進展し、積極的に住民と歩む議会を創り出そうとしている。しかし、住民の中には、いまだに従来の議会イメージを持っている者もいる。定数・報酬の議論を、住民自治を学び考え実践する機会としたい。新たな議会を創り出すために、定数・報酬を住民自治の問題とし真正面から議論していこう。本著をその素材として活用していただければ幸いである。

注1　定数・報酬を議論する際に、同列に議論することが多いが、論理展開としては二元的代表制（機関競争主義）の作動の観点から定数を考え、それを支援する手法の一つが報酬といった流れが必要である。つまり、定数は議会運営のあり方そのものに直結し、報酬は議員個人に支払われる。どのような議会を作動させるかといった視点から、議員間討議を重視した議会運営、会派の役割、会期の検討、定数といった論点の系列がある。それを踏まえて、その議会を担う議員・会派の支援についての議論、議員の役割・資質、報酬、政務活動費といった論点の系列がある。

注2　筆者は、非常勤では務まらず常勤的な活動が今日必要ではあるが、議員を職業とは考えていない。原理的には、多様な住民が議員となれる環境（制度と政治文化（議員後に容易に就職ができる））が必要であるからである。しかし、それは育っていない。非常勤でも常勤でもない特別な身分として公選職を位置づけ、その待遇を議論することは喫緊の課題である。

注3　筆者は、討議できる人数を基準とすることを提案してきた。委員会主義を採用しているとすれば、定数を一委員会の人数に委員会数を乗したものとするものである。基準を住民代表性（人口比）から討議にシフトさせる大胆な構想である。それほど批判はなく素材の提供という意味では失敗作ではないと自負している。ただし、当初（江藤俊昭『自治を担う議会改革』イマジン出版、2006年）では6〜10人を提案し、その後本文で提示しているように修正している（少なくとも7〜8人：江藤俊昭『地方議会改革』学陽書房、2011年（原著2008）、参照）。

注4　議会改革のトップランナーである北海道福島町議会では委員会6人であるが、もうこれ以上は削減できないという。同栗山町議会も同様である。

2　議員報酬の根拠＝原価方式の意味とその範囲

　議員報酬削減の嵐が過ぎ去って、増額する自治体も増えてきた。現行に戻すといった消極的なものではなく、議会改革の第2ステージを実現するための一つの手法として積極的に議論されている。無投票当選者率の増加を念頭に民主主義の危機の打開のために議員報酬を考える議会もある。

　議員報酬は「ならない要因」のすべてではないが1つである。また定数は「ならない要因」（身近に議員がいないことで議員のイメージが伝わらない）、および「なれない要因」（当選ラインの上昇）の1つである。そこで、議員報酬と定数を考える。

　議員報酬を考えるにあたって、福島県会津若松市議会の試み（会津若松方式）を参考にする議会が広がっている（注1）。これらは意欲ある議会だと思われるが、会津若松方式の範囲を確定しておきたい。この方式は科学的に妥当な手法というわけではない。住民と考える際の素材として開発された。

議員報酬を考える方式

　議員報酬を考える場合、原価方式（積算方式）、比較方式（類似団体比較）、収益方式（成果重視）が想定できる。比較方式は、参考になるが根拠として希薄である。また、収益方式の収益は重要であるが、その算定方法は確立しておらず、それと報酬とを直接関連づけることは困難である。もちろん自己評価であれ議会として議会・議員の成果を住民に発信することは必要である。なお、身

分給だと豪語する議員がいるが、根拠は希薄である。住民から批判されるだけである。

そこで、すでに指摘したようにこのうち原価方式に基づき、議会活動（A領域）、議員活動（B領域）、議会活動・議員活動に付随した活動（質問や議案に関する調査等）（C領域）、それ以外の議員活動（議員としてかかわる住民活動等）（X領域）を中心にそれぞれ活動時間数を確定する。もちろん、選挙・政党活動（政党助成金の対象）はこの限りではない。そこで算定された時間数（正確には1日8時間でカウントした日数）を、首長の活動日数と比較する。その割合に基づき、首長の給料月額から議員の報酬を割り出すというものである。

議会・議員活動から議員報酬を考える発想が再び（1960年代の議員報酬増額のお手盛り批判）、あるいは三度（それらに戦後すぐの名誉職ではなくなったことに起因する議論を加える）意識されるようになったのは、自治法が改正されたこととともに、住民の不信を取り除き、住民福祉の向上を目指す議会の必須条件として議員報酬が意識されるようになったからである。

自治法改正で、「議会は、会議規則の定めるところにより、議案の審査又は議会の運営に関し協議又は調整を行うための場を設けることができる」ようになったこと（自治法100⑫、2008年改正）、及び議員の報酬が非常勤の特別職の報酬から条文として明確に切り離され、「議員報酬」に名称変更が行われたことが背景にある（自治法203、08年改正）（注2）。本会議、常任委員会、特別委員会、議会運営委員会だけではなく、各派代表者会議、広報・図書運営委員会、正副委員長会議、全員協議会等を会議規則に定めれば明確に議会活動として規定されるようになり、議会活動の範囲の拡大にともなって、そもそも議員報酬とは何かが問われることになった。

各議長会の基準

　原価方式は会津若松方式だけではない。それ以外では、たとえば、時間給・日当制も想定できる。これを厳格に採用すれば、議会活動（A領域）に限定され、単価を高額としなければ、議員報酬は激減する。もちろん、福島県矢祭町の日当3万円のように報酬を支給すれば、活発に活動し現在よりも高額となる議会もないわけではない。しかし、議員の活動を当初議会活動に限定したことは最大の欠陥である（注3）。

　執行機関の給料を基準とすることでは、全国市議会議長会が示した基準額（及び都道府県議会議員の報酬基準として自治省が知事に出した内かん）も全国町村議会議長会の標準額も同様である（表3-2参照）。その際、市議会議長会は議長と市長を対等として議員を市の執行幹部と同等とみなしている。

　それに対して、全国町村議会議長会は、首長を基準とする。首長との比較は

表3-2　各レベルの議員報酬の基準

全国市議会議長会

「大都市は市三役給の平均給に相当する額、局・部長制を施行している市にあっては、局・部長給に相当する額、課長制を施行している市にあっては、課長級に相当する額をもって議員の報酬基準額とすることを原則とし、これに依られない都市については、その都市の財政状況等を考慮して係長給に見合う額をくだらない額とする。」（「市議会議員の報酬基準額について」1969年2月5日）

全国町村議会議長会

公選職である首長の給料を元にした上で、議員の実働日数と比較して求めるものである。一応示された全国標準としては、首長の給料月額の議長は40％ないし54％、副議長は33％ないし37％、議員は30％ないし31％とされた。（全国町村議会議長会政策審議会『議員報酬のあり方について』1978年）。

参考：都道府県議会議員

「都道府県の議会議員報酬月額については、当該都道府県の部長（東京都では局長）に適用される等級の号級のうち、その中間程度を基準として定めることを適当と考える」（自治省による都道府県知事宛の内かん（1962年11月）。

注1　全国町村議会議長会政策審議会『議員報酬のあり方について』（1978年）には、市議会議長会の基準も資料として掲載されている。なお、自治省による内かんは、星野光男「地方議会議員の報酬──その問題点と考え方──」『都市問題』（主集（特集）地方議会議員の報酬）第45巻第5号（1963年5月号）15頁、を参照した。
注2　全国町村議会議長会の標準は、それまでに2つ作成されている。1959年（「町村議会議員の報酬の適正化に関する決議」2月2日）、1970年（「議員報酬適正化」会長会議での申し合わせ、11月10日）で示されている。ちなみに、1970年基準は、議長は首長の35％、副議長は29％、議員は26％となっていた。全国町村議会議長会編集発行『全国町村議会議長会20世紀の歩み』2002年、参照。

重要である。議員とともに住民から直接選挙される公選職という意味とともに、首長の給料は、当該自治体住民の所得とも間接的にではあれ（執行機関の職員給料を媒介にして）連動している意味があるからである。全国町村議会議長会は、議会活動日数に日常議員活動日数（住民接触、調査研究）を加味し、首長の活動日数と比較、その割合に首長の給料月額を乗して議員報酬を割り出している。重要なことは、この案を活用して、それぞれの議会が具体的に改定する際の留意点として、「当然議会側においても議員の活動状況等についての所要資料の提供」が必要なことがあげられていることだ。そして、議員報酬問題は「議員の住民代表としての諸活動がどう行われるべきか、現実にどう行われ、これをどう評価するかの問題である。そして、これを最終的に評価判断するものは、地域住民に他ならない」ことが強調されている。いままさにこの視点が重要である。

　また今日、首長が自身の給料削減を公約に掲げ、給料減額を条例の本則で定める場合に、それに基づいて議員の報酬を考えることは当然のごとく問題である。

科学的な根拠ではなく説明のための方式

　会津若松方式は、全国町村議会議長会の標準、及びその考え方を参考に、首長の職務遂行日数と議員の活動日数の比較から議員報酬を算定する。A領域、B領域、C領域、X領域の類型の精緻化を図ることは必要である。また、議員活動のデータを集積することも必要である（神奈川県葉山町議会は2年間のデータを集めている）。

　A領域とB領域は明確に判定できるが、議会活動・議員活動に付随した活動（質問や議案に関する調査等）というC領域は、明確には判定できない。X領域は

なおさらである。

　一般に流布しているような言説、つまり「これだけの時間の議員活動を行っ
ている。だから、この議員報酬は妥当だ」ということではない。「実際の議員
報酬額を算定する制度としての方式」ではなく、「説明するための方式」であ
ることは強調しても過ぎることはない（注4）。住民とともに議会を、そして
議員報酬を考える際の素材を提供したものである。

　住民からすれば、議員が長時間活動しても住民の福祉向上につながるとは限
らない。収益方式による議員報酬算定は困難であるとしても、原価方式と収益
（成果）とを連動させた説明が必要となっている。要するに原価方式は科学的
で絶対的な方式ではなく、住民に対する説明のための方式であることに注意を
喚起しておきたい。

注1　会津若松方式は、全国町村議会議長会政策審議会「議員報酬のあり方について」
　　（1978年7月）を参照したものである（会津若松市議会編『議会からの政策形成〜議
　　会基本条例で実現する市民参加型政策サイクル〜』ぎょうせい、2010年）。その後、
　　神奈川県葉山町議会は会津若松方式をより精緻化している（「議員報酬のあり方につ
　　いて（報告書）」2015年3月12日）。
注2　自由民主党作成資料「地方議会議員の位置づけの明確化について」2008年6月
　　3日、田口一博「2008年地方自治法改正をめぐって（上）（下）」『自治総研』359号
　　360号（2008年9月号・10月号）を参照。
注3　理論上、B領域C領域X領域を含めることは可能であるが、実際には確定できな
　　いという理由でそれらの領域は対象から排除されることになる。
注4　会津若松市議会編、前掲書、232〜233頁。

第3章　議員報酬をめぐる論点

3　原価方式の留意点

原価方式の留意点

　議員報酬を考える上で、原価方式の採用を提案している。しかし、これにも限界はある。また、原価方式によって報酬額を考えることを超えて、報酬額と直結させる思考、具体的には時間給、個人別報酬額を採用しようという議論がある。これには、結論を先取りすれば少なくとも二つの問題がある。

　問題の一つは、原価方式の原価（活動）を根拠にして自然かつ必然的に報酬額が決まるわけではないことである。住民との議論の中で説明するための基準として提起された原価自体を根拠にしても報酬額は確定しない。気持ちは理解できるが、活動している議員とそうではない議員を区別することはグレーゾーン（検証の妥当性の曖昧さ、後述）があるために困難である。また、議会改革を推進すればするほど原価（活動）が高まり、議会費は増加することになる。年度の最後に報酬額が確定するという技術的問題（議会事務局の活動量の過多）も発生する。しかも、グレーゾーンを厳密に算定できないために、明確な活動、具体的には正式な会議への参加のみが報酬対象となるために、議会活動・議員活動が狭まり、結局、その活動時間から考える原価方式では報酬削減を正当化する論理に転化する。

　もう一つの問題は、原価は住民福祉の向上とは無関係であることだ。外形的な活動を便宜的に採用しているだけであって、本来収益方式（成果）と連動する内在的な活動の要素の挿入が求められる。住民からすれば、議員の活動時間

75

が長ければいいわけではない。原価方式を基軸としながらも、収益方式を視野
に入れることが重要である。

このような視点から、原価方式はベターではあるが、限界もある。その留意
点を確認しておこう。

原価方式採用の際の原則

①原価方式の揺れ

原価方式を採用するとしても、議会によって特性があってよい。その意味は、
議員の活動とみなされる領域の相違だけではない。現行の活動なのか（原価方
式を採用する多くの議会）、それとも今後の期待値なのか（北海道芽室町議会）、と
いった相違も存在する。さらに、前者でも全数調査なのか（アンケートによる、
神奈川県葉山町議会、京都府精華町議会〈17人中14人〉）、それともサンプ
ル調査なのか（福島県会津若松市議会）でも分かれる。

そもそも、この原価方式にはグレーゾーンが存在している（表3-3参照）。検

表3-3　議会・議員活動の検証の可能性（領域 A、B、C、X から考える）

領域	事例	検証（時間についてのエビデンス）	検証の妥当性	備考
A	本会議・委員会における議員活動（議員派遣を含む）	議事録・報告書等	○	実質時間でカウントする場合と、見込み（4時間以内は半日、それ以上は一日）でカウントする場合がある。
B	協議調整の場における議員活動、及び議会基本条例等によって規定（議会報告会等）された議員活動	議事録等	○	同上
C	領域A・Bに付随する議員活動（任意の協議会、政務調査、議案の精読、質問の作成、視察（個人）等）	議事録、報告書、アンケート等	△	視察などの場合の往復時間、宿泊の場合のカウントは困難。アンケートの妥当性は検証困難。
X	住民から受ける各種相談、各種団体への出席、自治体主催行事への参加	アンケート、記録	△	公務性の線引きが困難。ただしすべてを議員活動ではないとは断言できない。

注1：政党活動・選挙活動は議員活動とは異なる。ただし、政治活動と政党活動の線引きは困難である。
注2：領域Xにかかわる活動でも、議会からの政策サイクルにかかわるものもある。また、公職者として参加が期待
　　される行事もある。消防団出初式、成人式などは、議長が主であるが議員にも参加が期待されている。
注3：検証の妥当性の○は妥当性が高く、△は低い項目である。ただし、その中でも差があるし、まったく妥当性が
　　ないというわけではない。アンケートの妥当性は低い（検証不能）。

証の妥当性の欄の△は、根拠が希薄な項目である。

　そこで、原価方式を採用する際の原則を確認しておこう。

〈原価方式を採用する際の原則〉

原則１：新たな議会を創り出す上で、議員活動の現状把握とさらなるバージョンパップを考える素材として活用。公式的な議会活動の参加に限定しない。

原則２：グレーゾーンがあるので、この原価方式は今後の議会・議員活動を考える素材であって、報酬額に直結しない。つまり、新たな議会を創り出す上での議員が活動すべき水準、あるいは期待値である。

原則３：報酬額に直結させる場合、グレーゾーンを排除するために明確な活動、したがって公式会議への参加だけといったように議員活動を狭めることになる。同時に、事後的に報酬額が確定するという極めて煩雑な作業が議会事務局に課せられる。そのため、新たな議会を創り出す上では、現時点では原価方式を報酬額に直結させる厳格な手法は馴染まない。

＊補足：活動日数が多くなれば、当然生活給的な額が必要になるという論理も内包している。

　つまり、グレーゾーンがあること、及び少なくともこの程度は活動してほしいという現状、さらに期待を込める活動を念頭に置いた議会・議員活動の時間を便宜的に提示している。

　もちろん、葉山町議会のように、全数、しかも複数年の調査を採用すれば、体系的な議会・議員活動が明確になる。これは、すぐ後に検討するように、時間給・日当制、さらに進めて個人別報酬額算定の根拠ともなる。しかし、葉山町議会を含めて原価方式を現在採用している議会も、この方向に舵を切ってい

ない。グレーゾーンの存在とともに、新たな議会を全議員で創造する意思があるためである。

② グレーゾーンをカウントする浦幌方式

北海道浦幌町議会は、原価方式を活用しながらも、グレーゾーンを踏まえて、仮説としてその時間を半分にカウントして議員報酬の水準を確定している。全国町村議会議長会の基準（首長の30％）を踏まえつつ、独自に議員の活動時間をカウントする。全国町村議会議長会の基準は全国の動向を踏まえたものであり、それぞれ独自の調査によって報酬額を決めると謳われていたことからすれば、それに即したものである。その際、議会活動や議員活動の範囲が増大していることを踏まえている。

グレーゾーンについて総時間の半数にカウントしているのが浦幌方式である。本来、全時間を含めてカウントすることも想定できるが、「表に現れない活動時間日数をどう評価し参入するかが課題」であるというように、グレーゾーンについて説明責任の観点からこの方式を採用する（注1）。

③個人別報酬額は困難——日当制に直結

原価方式は、単純に考えれば、時間給に連動する。グレーゾーンを含めて積算し、それを一日8時間とカウント、首長の活動日数・給与と比して議員報酬を考えるのであれば、時間給に限りなく近づく。

既に指摘しているように、グレーゾーンがあるためだけではなく、今後の議員活動の水準を念頭において議員報酬を考えているために、本著では時間給を採用していない。

原価方式を厳格に採用すれば、個人別報酬額に帰結する。議員からも、また住民からも、「しっかり活動している議員と、何もしていない議員の報酬額が

なぜ同じなのか」という意見を聞く。これに応える方策の一つだとも考えられる。

　その際は、どこかでグレーゾーンの妥当性を判断せざるをえない。今後の議会活動の水準という期待値では、検討の素材として作動させる議論に報酬額を連動させるとなると、グレーゾーンの曖昧さは根拠の希薄性につながるからである。議会事務局の活動の増大はここでは考慮しないとしても、その説明をめぐって議論が噴出する。そして、この視点は検証の妥当性がある領域A・B（公式な会議への参加の活動等）に限定され、新たな議会を創り出すために積極的に活動してほしい領域C、及びX（一部）が排除される。新たな議会を創り出すベクトルとは逆に向かう。

　なお、原価方式の議論と日当制は親和的である。しかし、日当制には、議会・議員活動を限定する問題があり、及び議会・議員を支援する制度設計なしには議会を弱体化させる（注2）。したがって、本著では、時間給、個人別報酬額、日当制を現時点では採用していない。

④期末手当、その他の手当、および退職金制度・地方議員年金

　議員の期末手当は、条例に基づいて支給できる（自治法203③）。しかし、議員報酬と同様にその額の根拠は明確ではない。民間企業の期末手当は業績の反映であるのに対して、同様な業績評価は行政職員では困難であるとはいえ、行政職員の給与（それに基づく期末手当）の根拠は定められている（自治法204②、地公法24）。議会は、報酬の議論の中に期末手当も含めて議論する必要がある。実際には実施されてはいないが、北海道芽室町議会の議会改革諮問会議は、年俸制の導入に伴い期末手当の廃止を答申した（支給総額では増額）。期末手当といっても、その前提が給与（首長や職員等）と報酬（議員）とでは同列では扱えない。そこで、議員に期末手当を支給する根拠と、支給する場合その額の根拠

を提示しなければならない（自治法上「できる」規定となっている）。会津若松市議会方式の場合、首長の給与および期末手当と連動させているために、この論点はクリアできる。

　報酬以外に、期末手当、費用弁償、政務活動費の支給はできるが、育児手当等はない。子育て世代を議員とするためには、役務の対価としての議員報酬の議論（重複はさけつつ）ではなく、手当の議論（重複は避けつつ）を進めるべきではないだろうか。現行の法体系では無理ではあるが（地方自治法204の2）、非常勤ではない「公選職」として今後検討すべき事項である。それ以前でも、経済的な不利益補てんの制度化は可能である（法改正は必要、後掲資料参照）。

　なお、常勤的に活動するならば給与および退職金が必要という意見もあるが、何度も指摘するように、職業としての常勤ではないことから、給与や退職金を支給できない。議員年金が廃止されたことが、立候補者を減少した理由だといわれることもある。年金制度改革の中で広範に議論すべきことである。

⑤報酬を区分する発想

　議員報酬を区分することの試みは、議会内に恒常的に活動する、議長・副議長を一般議員と区別することは必要である。また、委員会、そしてその委員長の役割が高まっていることに鑑み、委員長には充分な額（手当ではなく報酬）が現状では必要である（注3）。

　筆者は、条例に基づいて議員報酬を区分することは、役務の対価を前提とすれば、客観的な基準（議長・副議長、委員長などを超えた基準も）に基づき可能だと考えていた。以下、時々聞かれるあるいは実践されている議員ごとに異なる報酬額の発想を確認したい。ただし、現状では妥当性は低いか、あるいは慎重な議論が必要だと考えている。

a　個々の議員の成果報酬は民主主義には馴染まない

熊本県五木村議会で、個々の議員の成果に基づく成果報酬（全額ではなく一部）が実施されたが、すでに廃止している。出欠の評価はありうるが、政治的な活動の評価（質問・質疑内容、政策提案、地域活動の参加、議会改革の取り組み）である。これは評価者の価値が入る。価値の評価は、住民、ＮＰＯが行うことは可能であるが、あくまで素材である。その評価を議会として正式に行いそれを報酬と連動させるわけにはいかない。選挙こそが議員の公的な評価となる。なお、五木村の議員の成果報酬方式は、その決め方にも問題（審議委員メンバー・会議が非公開）があった。

b　次善の策としての年齢別報酬

　長崎県小値賀町は、年齢によって議員報酬額を区分するはじめての条例を制定した。月額18万円の議員報酬を、50歳以下に限り30万円に引き上げるものである（2015年4月の町議会議員選挙当選者から適用。ただしすでに一律に戻している）。まちづくりには働き盛りの人たちの視点が重要という理由からである。議員の高齢化や無投票当選の増加を考慮した、意欲的な試みといえる。ただし、これは役務の対価の論理とは異なる理由に基づいている。

　なお、50歳以下の議員は先頭になって活動する自覚と、50歳を超える議員も同様に活動する自覚なしには、新たな議会の作動は難しくなる。50歳を超える議員が年金生活者かあるいはある程度の兼業による収入の確保という条件がないかぎり不公平感も広がる。議長自身も「次善の策」と語っているように、議員報酬の意味を抜本的に考える機会を提供したといえよう。同時に、すでに指摘したように子育て世代に対しては育児手当等の手当の支給の議論（法改正）と並行してもよい。

c　問題のある期数別報酬

　期数によって報酬を区分する見解も聞かれる。しかし、表決権等の議員の権限は、平等である。期数といった経験が加味されてはいない。そもそも、期数

の多い議員すべてがより住民の福祉向上を進めているとは断言できないし、1期であってもそのように行動すべきである。

注1　浦幌方式は、この議員報酬のカウント方式に限定されるものではない。選挙制度改革の提案（補欠選挙の要件緩和、被選挙権年齢の引き下げ、公営選挙制度設置等）、その検討（推薦枠、義務投票制度等）、若者チャレンジ奨励金（厚生労働省）の類似制度の創設、なども含めて検討されている。議員報酬に限定しない、広く地域民主主義を考える中で提起されている。意欲あるものである。
注2　江藤俊昭『自治体議会学──議会改革の実践手法』ぎょうせい、2012年、94〜98頁、参照。
注3　今日では議論されなくなってきたが「多人数議会と副議決機関モデル」にも活用できる（地方行財政検討会議）。「議会内理事会」の理事と、恒常的には活動しない議員（調査研究をしない非常勤という意味ではない）の存在を認める議会制度の構想に道を開くものである。

4 報酬額に住民意向を踏まえる意味

議員報酬決定における住民の位置

　原価方式はベターであるとしても課題がある。原価が議員報酬額に直結するわけではなく、住民福祉の向上とは無関係であるからだ。そこで、筆者は住民が議会を知り、理解するツール（道具）として原価（活動量）を示すとともに（どのような活動を行っているか）、収益（その活動が住民福祉の向上に役立ったか）を自己評価でもよいから示すことが必要であることを強調している（注1）。「住民自治の根幹」としての議会の意義・役割を住民とともに考える素材としてこれらを活用する必要がある。

　「原価方式がベターだ」と断言しているのは、他の方式の根拠の希薄性とともに、原価方式単独ではなく、収益方式を組み込むことで議会の役割・意義、したがって議員報酬や議会運営を超えて住民自治を住民と語ることが可能となると考えているからである。

　なお、原価方式で議員報酬を決める際に、客観的な素材（活動量や成果〈自己評価〉）を示すことで住民と議論する視点はあるもののあくまで決定権限は議会側にある。これらの転換、つまり住民側に決定権限を委ねる方向を模索する議会がある。正確には、議員報酬は条例事項なので、最終的には議会側に決定権限があるが、志向として住民側にシフトさせるというものである。結論を先取りすれば、それは議会・議員活動を住民に示し、住民自治や今後のあり方を住民と語ることを強調する本著の議論と共通する。しかし、原価方式の誤解と、

それに取って代わる方式には課題もあり時期尚早だと思われる。

原価方式＝労働価値説？

　岐阜県可児市議会は、主権者教育に議会として取り組んだり、決算から予算要望、そして予算審議へというサイクルを構築するなど新たな議会を実践している。同市議会は、住民福祉の向上を目指すとともに、主権者教育を受けた若者が社会人となった後で、議員に立候補し活動する条件整備のために報酬等の検討を開始している。その一環として、報酬を原価方式ではなく、効用価値説に基づいて考えなければならないと提起している。

　「議員の職務の特徴から考え、……（中略）労働価値説的な原価方式で報酬を検討することは、好ましくない。議員報酬は、どのような役割を果たして、どのような効用を生み出したかで判断する効用価値説的な方法で検討する」（注2）。

　労働価値説や効用価値説は、価格を根拠づける経済学の用語である（注3）。教科書的にいえば、前者は、古典派経済学の系譜（アダム・スミス等）で、価格を供給の側面から理論づけその中心に労働（時間）を置く。後者は、新古典派経済学の系譜（カール・メンガー等）で、価格を需要の側面から理論づけその中心に消費者の効用（期待等）を置く。極論すれば、労働価値説は供給側の客観的要素、効用価値説は消費者側の主観的要素が中心となる。効用価値説は、消費者へのエンパワーメントにつながる。

　この経済学の議論を議員報酬をめぐる議論に活用する場合、アナロジー（比喩）として有用であろうとも、現実には問題もある。なお、可児市議会では効用価値説に基づく方式の具体的な要素の提示はなく実際の運用にまでは至っていない。とはいえ、今後の重要な論点なので検討しておきたい。

まず、原価方式についての誤解を指摘しておく。原価方式は自動的に報酬額を決定するものではない。住民と考える素材として活動（時間）を用いる。議会・議員活動の情報提供を積極的に行うのは、原価方式も、効用価値説に基づく方式も同様である。その上で、原価方式は住民の意向を考慮しつつも、新たな議会を創り出す条件を決めるのは、議会側にある。効用価値説は、決定に消費者（住民）の主観（効用の判断）を重視するのがポイントだ。もちろん既に指摘したように、議員報酬は条例事項であり、最終的には議会が決定するが、効用価値説を基礎とすれば住民の意向が限りなく決定に反映される。

効用価値説に基づく方式の問題

　効用価値説には、筆者の問題意識と共通の側面がある。消費者が効用を知るには宣伝も必要であり、それには議員の活動量や収益（成果）の情報提供が不可欠である。それを購買に、つまり住民による判断に活用してもらう。ここまでは、本著の立場と類似し、住民側に議員報酬額の決定権限をシフトさせる意欲は理解できる。

　しかし、効用価値説という用語を用いると、その額の決定の根拠は住民の主観に移動する。可児市議会は、議会による主権者教育に関する新聞等の報道数の飛躍的な増加（そして好意的な評価）が自信になっている。それを念頭に議員報酬を考える際に「効用」に基づく方式を模索したのであろう。主観的価値は、購買の動向を左右する。議員報酬に引き付けていえば、議会の効用は投票率や住民アンケート調査によって表出される。昨年は、選挙権年齢の引き下げに伴い可児市議会の取組みが注目されたが、これを効用の根拠とすれば、報道数の増減が要素となる（おそらく減少）。また、投票率を上昇させる意向は重要であるとしても政治不信が蔓延する時代に、根拠とするわけにもいかない。こうし

た技術的問題でだけはなく、以下のような原理的問題がある。

① 議会の効用

議会の設置は、憲法で規定されているので迂回することもできるが、原理的には議会全体の効用を問うことから出発することになる。報酬額以前に議会は住民自治にとって必要か、税金を払う意義はあるのか、といった議論である。議会不要論を払拭させるには、議会の議論が地域の争点を明確にして住民自治を進めるとともに、住民福祉の向上に大いに役立っていることが問われることになる。

② 効用の多様性

議会の効用といっても多種多様である。議会本体への評価もあれば、政策への賛否、また議員個人への評価もある。なにを評価するかという議論も必要である。

③ 報酬額との連動は可能か

議会評価を議員報酬額にまで進めることは不可能といえないまでも極めて困難だ。多くの議会で行われているアンケート調査とは異なり、報酬額の決定に連動させる場合、住民の関心は飛躍的に高まるだろう。しかし、現行のアンケート調査の回収率が低いことや報酬額について「わからない」という回答が多いこと、妥当な報酬額を問うてもばらばらであることなどを考慮すれば、議員報酬額に直結するアンケート調査を行ってもまとまるかどうか大いに疑問が残る。より根本的には、現在の政治不信を前提とすれば、報酬額の引き下げに連動し、議会改革の本史の第2ステージを充実させる方向と逆に向かう可能性はある（注4）。

第3章　議員報酬をめぐる論点

　可児市議会の実績や意欲は評価できる。そして、効用価値説を採用する場合、本著と同様に住民に積極的に活動実績と成果を宣伝することになる。効用価値説に基づく方式は次のような文脈で力を発揮する。地方政府の創造（そのためには自治憲章・市憲章の制定等）、その上でそれを担う議員の定数や報酬（及び首長等の給与等）を考えることは重要である。その意味で、効用価値説に基づく方式は無視できない。だが、地方政府の創造やその運営の議論と連動させないで導入することには問題がある。これらは長期的な課題である。現時点では、効用価値説に基づく方式の提起を踏まえつつ、議会活動の透明性を高め、住民と自治の条件を考える素材として提起する原価方式がベターだと考えている。

　効用価値説の議論の中には「どのような役割を果たして、どのような効果を生み出したか」といった本著で強調する原価方式の論理と類似したものがある。そのため、収益方式の導入と錯覚する議員もいる。そこで、今回はその整理を試みた。

注1　収益方式は原価方式よりもベターであるが、議会の議論が地域の争点を明確にし住民自治を進めたか、議会の議決が住民福祉の向上にどの程度役立ったかといった事項について数値化（金額化）して査定することは困難である。
注2　可児市議会議会活性化特別委員会「議会活性化特別委員会報告書」2015年6月。その後、2015年10月に設置された議員定数報酬検討特別委員会で定数や報酬等の議論が行われ、報告書がまとめられている。このテーマの専門的知見として、昇秀樹名城大学教授、及び筆者が関わっている。
注3　効用価値説の強調から「マルクス主義は労働価値説であり、資本主義は効用価値説となる」といった表現もある。
注4　効用価値説を採用するとすれば、投票数（率）・得票数（率）がまずもって想定される。投票数（率）の上昇を効用の増大と捉えることは可能である。そこで、報酬額は上下する。また、議会だけではなく個々の議員の効用にまで方式は展開する。すると得票数（率）の多い議員に効用があるという判定となる。これまで以上に選挙運動に熱心な議員が増える可能性がある。

5　議員定数の根拠＝討議できる人数の意味

　新たな議会を充実させる条件整備を再び考えたい（注1）。積極的に考えて提案している議会の動向を踏まえての議論となる。なお、筆者が提案したり、かかわってきたこの条件整備の議論には誤解も見受けられる。本著では、この誤解を解くというより新たな議会を創り出す条件を充実させるために論点を深めたい。

議員定数を再び考える

　「一常任委員会当たり7、8名、それに委員会数を掛け合わせると議員定数となりますよね」と言われることがある。提起した者としてそうした認識の広がりは光栄である。ただし根拠を示した出典もなく、提案が独り歩きすることには違和感がある。提起した際の留意点がまったく抜け落ちていることへの危惧からである。そこで、議員定数を考える際の留意点を確認したい（注2）。

　議員定数は従来、人口を基準に決めることになっていた。かつては法定数が決められ、条例で定めることになったとはいえ（1999年改正）、法定上限数が示されていた。どちらも人口を基準とすることで、「住民代表」性を意識したものであった。現在は周知のように条例で議員定数を定めることになっている（2011年改正）。そこでも、従来と同様に人口規模＝「住民代表」性から定数を決めることは一つの考え方だ。もちろん、その場合でも議員定数と人口との関係を説明する必要はある。

第3章　議員報酬をめぐる論点

　筆者は、この人口を基準とした定数の決め方に違和感を抱いた。一つは、戦後の大幅な人口増にもかかわらず、議員数は大幅に減少し続けていること（注3）。したがって、そもそも「住民代表」性は根拠があるわけではない。もう一つは、住民の意見は議員が代表するだけではないこと。つまり、住民自身が直接意見を政治行政の場に登場させる、いわば住民参加の広がり、充実である。そのように考えれば、「住民代表」性から定数を算出するのは、参考にすべき議論ではあるが、無理がある。

　もちろん、二元制を念頭に首長と同様に機動的に動ける専門家集団としての議会を強調したいわけではない。機動的に動く専門家集団は執行機関に適合している。議会は合議制を重視し、専門性とともに市民性が重視される。そこで、議員定数の基準を考えてみた。議会の存在意義である討議を基本にした提案である。議会の存在意義を「公開と討議」としたことの応用である（注4）。

定数を考える論点

①「少なくとも7、8人」の根拠

　監視提言機能を高めるために、委員会主義の採用は妥当である。そのように考えれば、討議を充実させる委員会の定数は何人か、という問題設定となる。しかし、これについて科学的な根拠があるわけではない。筆者自身、討議できる人数を最初に提案した際には、6人から10人としていた（注5）。それを修正したのが、「少なくとも7、8人以上」という提案だった（注6）。

　その理由の一つは、議会改革の先頭を走っていた長野県飯田市議会、福島県会津若松市議会の議員間討議の状況動向である。これらを参考に7、8人を提起した。いわば経験則である。積極的に発言する人も、しない人もいる。委員長を除いて少なくとも6、7人は必要だと感じた（注7）。もう一つは、自由

89

に討議する手法としてワールド・カフェが広がっているが、この要素の一つが、１グループ６人以下であること。他人の目を意識せず自由に発言できる人数である。しかし、議会は公共空間である。知識を持ち公共性を意識して討議に加わる必要がある。そのように考えれば、６人以下では議会における討議は困難である。

　この議論を踏まえて、常任委員会の設置数、及び「少なくとも」と提案した理由を説明したい。

②常任委員会の設定数

　一般に、委員会数を固定化して考えることが多い。委員会は議会の監視政策提言を強化するために設置する。法定数から委員会数を設定することがこれまで多かった（注8）。しかし、本著の立場からすれば定数が確定していないために委員会数、そしてそれぞれの範囲（所管事務）をまずもって設定しなければならない。筆者は、次のように考えている。

　まず、財政規模を基準に委員会数を設定する。もちろん、監視政策提言機能を強化するには、委員会数を増加させることが必要である。しかし、どこまで増加させるかの基準はない。そこで、便宜上一般会計を基準としている。経験則的に言えば、一般会計規模100億円以下では読会制や本会議中心主義とするか（それらの場合でも委員会（1常任委員会）を設置し閉会中でも動ける体制は必要）、あるいは2常任委員会、300億円までは3常任委員会、500億円を超えると4常任委員会などから出発するとよいのではないだろうか。もちろん、公立病院設置などを考慮して、特別会計、企業会計が他の自治体と比べて高い場合は、それも加味する必要がある。

　もう一つ考慮する要素は、執行機関の組織編成である。一般に委員会数を決めてから、所管事務を割り振るが、割り振れない場合には、当初想定していた

第3章　議員報酬をめぐる論点

委員会を分割する場合もある。また、恒常的事業でなければ特別委員会で対応できる。

　なお、この発想にも問題はある。執行機関の縦割りの問題が、議会内に再生産されることである。合議体であるがゆえに、全体性が重視される議会が縦割りの発想に侵食される。この侵食を回避する道が所管事務の範囲を定期的に見直すこと、及び議員間討議である。

　③多様性への考慮

　定数を検討するにあたって、討議できる人数を想定しているが、その際、専門性とともに市民的感性を持つ議員の集団であることを期待している。その市民性は、もちろん全地区を考慮して活動することを想定している。とはいえ、たとえば市町村合併において定数が急減し、過疎地域の議員が一人もいないという状況も見られる。

　そのような地域においては住民との意見交換会を積極的に行い、地域課題を議会に登場させる必要がある。その重要性を強調してもし過ぎることはない（注9）。そうした地域の多様性に考慮する感覚は必要である。このことはすべての地域からということではなく、たとえば、過疎地域全体から少なくとも一人はそれぞれの委員会に所属できるような配慮が必要という意味だ。「少なくとも」と限定を付した一つの理由はこのような要素を考慮すべきだからである。このことは面積の要素を組み込む議論と連結する。

　議会の存在意義は「公開と討議」であるが、その前提は多様性である。

　④奇数か偶数か

　従来、定数は偶数がベターだと考えられていた。議長は一般に表決には加わらないからだ（自治法116①）。可否同数の場合は、「現状維持原則」が優先

91

されていた。薄氷を踏むように議案を通過させるわけにはいかないからだ。

　一方、筆者は二つのことを想定して奇数を提案する。一つは、そもそも表決に至るには、十分な審議が行われることが前提であるが、どこかで決断しなくてはならないからだ。それは次の論点に接続する。もう一つは、議長も住民から選出された「政治家」であることだ。それほど多いとは思わないが、重要な争点の場合、可否が分かれるケースがある。そこで、自らの意見を表明できないことには問題がある。議長本来の意見を表明すべきだ。逆に、「現状維持原則」を採用して本来の意見とは異なる判断をさせるのでは、議長となることに躊躇する場合もあるだろう。

⑤重複所属の可能性

　討議できる人数を原則に定数を考える手法を採用した場合、重複所属の問題が残る。たとえば、全員が二つの委員会に所属すれば、定数は単独所属の場合の半数で賄える。特別委員会を常任委員会とした事例を想定しているわけではなく、従来の常任委員会の場合である。先駆議会として知られる飯田市議会は一時、重複所属を導入していたが、監視政策提言機能の低下を招いたとして単独所属に戻した。重複所属を採用する場合、慎重な議論が必要だ。ただし、既に大幅に定数を削減し、増加させることが困難な場合は次善の策として重複所属も一つの手法である。

⑥定数11人以下の議会の対応

　すでに、定数を削減している議会は、定数について根本から議論する必要がある。その際、定数増を模索することもある。ただし、実際には困難である。定数12以上は複数所属しなくとも、2つに常任委員会が可能である。それ以下の場合、たとえば11人では複数所属しないで委員会を設置すれば各5人と

なる（議長は委員会に属さず全議会の指揮をとる）。なお、定数8人で、4人の常任委員会を2つ設置する議会もある（たとえば、山梨県早川町）。4人では充実した討議は困難である。これでは、議会の審議機能を弱体化させる。そこで、議会力をダウンさせないためには、次の2つの手法が想定できる。閉会中審査も可能となるし、機動的に動きやすい委員会の設置を前提とする。

1つは、全議員による委員会を1つ設置し、議長とは異なる議員が委員長となり、議案審査等を行う。

もう1つは、すべての議員がそれぞれ所属する少なくとも2つの常任委員会を設置して、所管を分けて審議する。当然複数所属となる（たとえば、山梨県小菅村）。メンバーは同じでも委員長は異なる。

この2つのうち後者をベターと考えるのは、緊張感を創り出すためである。

どちらも、本会議メンバーと委員会メンバーが重なる（全議員）。本会議と委員会との差異が問題となろうが、後者は、所管事務調査と議員間討議を重視する設計である。

⑦面積要件の加味を

すでに指摘したように、討議できる人数を基準に多様性を考慮すべき要素として加味することを提唱した。住民参加の充実によって不必要となる要素であるが、現行では必要と思われる。とりわけ、市町村合併によって成立した自治体では、1常任委員会あたり、2〜3人は中山間地域出身議員が必要だと思われる。それを考慮した委員会人数、したがって全体の議員定数が必要である。

⑧住民参加によって議会力の充実や補完

議員間討議は重要ではあるが、住民参加を踏まえた上でのことである。出前議会（住民との意見交換会）や、議会本体への住民参加（公聴会・参考人制度、請願・

陳情の代表者の意見陳述）が必要なことは常に指摘していることである。それを超えて、議員間討議の支援を住民が行うことも考慮すべきである。委員会審議の補完である。

実際に長野県飯綱町議会で行っているように、特定のテーマを住民と議員が参加した研究会を設置して調査研究し提言することを想定するとよい。議員15名を二つに分けてそれぞれに住民が参加した研究会を立ち上げている。それは、予算要望や条例制定に直結した。また、これを超えて委員会に住民が恒常的に参加して討議に参加する。もちろん、委員会に住民が参加することは法令上困難である。そこで、委員会的なものを設置しそこで討議を行う。会津若松市議会の議会制度検討委員会（政策討論会分科会）には、議員7名のほか公募委員2名が恒常的に参加している。より積極的にいえば、住民の恒常的で積極的な参加により、委員会的なものに住民が参加し、そのことで定数を削減することも原理的には可能である（当然ではあるが議決は議員権限）。ただし、その場合には住民側の覚悟も必要である。

⑨議長のカウントの仕方

議長は、委員会の人数には含めないことが必要である。委員会に出向き発言することは必要である（自治法105）。議長は1議員ではなく、大所高所から議会を運営するからである。したがって、その計算式に基づけば、プラス1になる。

なお、悩ましい問題ではあるが、筆者は奇数の定数を奨励している。めったに無いとはいえ、可否同数となることはあり得る。その際、議長の政治心情からどちらかを選択する権利を奪うことはできない。慎重審議の必要性から「現状維持の原則」とするともできるが、大きな争点の際には、議長であっても1議員である表決の権限を縛るべきではない。

注1　既にこの議論を行っている（江藤俊昭『自治体議会学』ぎょうせい、2012年）。
注2　委員会主義を採用していない議会の場合、12人以下を想定している。本著では、委員会主義を採用している議会を対象に議論する。
注3　江藤俊昭『自治を担う議会改革』イマジン出版、2006年（増補版、2007年）、参照。
注4　カール・シュミットが『現代議会主義の精神史的地位』においてギゾーの論点を継承しながら強調した定義である。ただし、シュミットはそれができていないがゆえに、本著の立場とは逆に議会に「死亡宣告」を下している。
注5　江藤『自治を担う議会改革』前掲書。
注6　江藤『自治体議会学』前掲書（該当部分の初出は『ガバナンス』2011年4月号）および、江藤俊昭『地方議会改革』学陽書房、2011年、第7章、参照。
注7　ある著名な行政学者は、「セブン-イレブン」だと冗談のように言っておられた。その際、人数が少ないと少数派は意見を出しにくいことも強調されていた。重要な指摘である。
注8　従来、委員会数は人口ごとに上限が決められていた。それが今日、自治体で自由に決めることができるようになっている（1999年自治法改正）。
注9　飯田市議会議長は、「市議会では市民目線を大事にしている。［出身議員の少ないかいない＝引用者注］中山間地の問題に関心のない議員は辞めたほうがいい」と述べている（『朝日新聞』（長野版）2015年9月11日付）。住民の人数も議員数も少ない中山間地域を全議員が関心を持たなければならないと強調している。

第4章

住民総会による議会廃止（の検討）から住民自治を考える

小規模議会の急展開―住民総会の検討

　小規模議会議員選挙の投票率が低下し無投票当選者率が増加している。いわゆる議員のなり手不足が広がっている。小規模議会（以下、断らない限り、議会）の中には、この課題に恒常的な議会改革を行いながら取り組んできた議会がある（北海道浦幌町議会、長野県飯綱町議会など）。北海道栗山町議会基本条例に刻まれた議会改革を踏まえたものである。こうした試みとは異なる議会の模索がはじまっている。議会を廃止して町村総会（住民総会と一括）の設置を検討する試みである（高知県大川村議会）。また、恒常的な夜間休日議会の運営を加えてもよい（長野県喬木村議会）。前者は研究段階にとどまっているが、真摯に対応した点で、また後者は実現に向けて動きだす段階であることから、議会の急展開と把握してよい。

　議会を廃止し住民総会を設置することの研究を開始した高知県大川村の試みは、マスコミにより大々的に取り上げられた（2017年、大川村ショック）（注1）。大川村議会は「留保」し一段落したが、そのショックは余波が続くと考えられる。総務省が「町村議会のあり方に関する研究会」（座長・小田切徳美）を設置した（同年7月27日）。

　また、住民総会を設置する可能性のある（検討する）自治体もあるからである。人口1000人以下、27村（大川村を除く）のうち回答した19村の4分の1が「住民総会」の必要性を感じている（北海道音威子府村、東京都青ヶ島村、山梨県丹波山村、島根県知夫村）。そのうち、北海道音威子府村、東京都青ヶ島は議員のなり手不足を理由に挙げた（注2）。

　議会を廃止して住民総会に代えることが、なぜ議員のなり手不足の解消になるか。「なり手不足」の解消を「なり手」が活動する議会自体を廃止することで「解

決」するというウルトラCである。論評の中にある〈限界集落→地方消滅→議会消滅〉といった非理性的、情緒的な思考の蔓延を防ぐ視点から、住民総会について考えたい。結論を先取りすれば、住民総会は成立しないか、成立したとしても首長主導型住民総会となる危惧を指摘することになる。

　そもそも、大川村は冷静に対応してきた。村民とともに議会のあり方を考えることに主眼が置かれていた。和田知士（かずひと）大川村村長の言葉はそれを著している。「議会の廃止とか住民総会の設置とか、自分は一度も口にしたことはない。最初から頭の中にはない。村をみんなでどう作るか。議会をどう守るか。それを村民一人ひとりが責任を持って考える。我々はそのための制度はどうすればいいのかを勉強している。」というのが事実であろう（注3）。

　議員のなり手不足の深刻さを考慮すれば、住民総会は今後も浮上するであろう。後述するように現行法体系下の住民総会には課題もある。その課題をあげてそれを理解できても、なり手不足の解消にはならない。課題とともに、なり手不足の解消に取り組んでいる議会の施策を素材にその解消の方途を探る必要がある。

　本章では、住民総会を中心に、議会の急転換を確認する。議会改革の第2ステージを模索する議会が登場する中で、議会を廃止した住民総会について住民自治の拡充の視点から検討することでもある。同時に、議員のなり手不足問題の解消を真摯に検討し努力している議会がある。その動向を確認することも重要である。

住民総会の問題提起

　日本国憲法（93①）において議会の設置を義務づけているにもかかわらず、住民総会の設置は可能だ。地方自治法第89条では憲法を受けて議会の設置を

規定しているものの、条例に基づき議会を置かずに住民総会を設置することはできる。注意していただきたいのは、町村でのみ可能、議会と住民総会の併置は不可（以上自治法94）、住民総会の権限運営等は自治法の議会規定の準用（自治法95）である。この規定は、そもそも旧制度で挿入されていたが（市制町村制（「小町村」「特別の事情がある町村」））、日本国憲法下の自治法においても継続している（表4-1、表4-2参照）。戦前に設置された神奈川県足柄下郡芦ノ湯村（現箱根町）では、戸数8戸、人口36人、公民数6人に過ぎなかった。ようするに、沿革から考えれば「日本の現行制度について無批判的にその活用を奨励する向きもあるが、これは旧制度の議会構成が不能な公民数不足の小町村への対応策にすぎず、およそ民主的なものとはいえない」（注4）。もちろん、戦後でも住民総会が設置されたことはある。それでも住民数は約60人にすぎなかった（東京都旧宇津木村（現八丈町）、1951–1955年）。

表4-1　全国の町村総会設置件数

年	件	年	件	年	件	年	件
1889	10	1895-96	9	1903-11	4	1914-46	1
1890-93	13	1897-00	6	1912	3	自治法	
1894	11	1901-02	5	1913	2	1951-54	1

［内務統計］各地域史等により確認できた限りで作成（各年12月末現在）

表4-2　都道府県別の町村総会設置件数・自治体

都府県	年	件	町村又は所属郡
大阪府	1889-1911	1-3	（住吉郡）（南郡）今宮村、津守村
神奈川県	1890-1946	1	芦之湯村
栃木県	1889-1893	1	西那須野村
愛知県	1890-1893	1	寛政村
岐阜県	1890-1896	3-5	
福島県	1889-1894	3-6	
石川県	1890-1912	1	（江沼郡）
千葉県	1889-1913	1	十余二村
東京都	1951-1954	1	宇津木村

［内務統計］各地域史等により確認できた限りで作成（各年12月末現在）。「件」は各年末の設置件数

出所:越文明「町村総会制度の制定と運営」『都市問題』2018年1月号（表1、表2）。

この住民総会の規定に対して「議会よりも一層住民の意思を端的に表現しうる住民総会を設けることが、憲法に抵触するものと解すべき理由は毫も見いだせない」、と日本国憲法下においても積極的に評価する解釈が行われた（注5）。

他方、「少なくとも現在の環境から見たら明

らかに憲法違反」という見解もある（注6）。

　今日、住民総会の活用の検討（第22次地方制度調査会答申）や周知（地方分権推進委員会第2次勧告）が提案されている。「住民総会は…人口が著しく減少した団体における一つの選択肢ではあるが、人口が一定規模以下に減少した場合に一律に住民総会の設置により対応すべきという議論は困難である」という見解もある（総務省「地方議会に関する研究報告書」2015年）。総務省（旧自治省）は、住民総会について肯定的といえないまでも否定的とはいえない。

住民総会は民主的だとは限らない

　住民総会はたしかに直接民主主義の系譜にある。そこから、住民総会は議会制よりも民主的であり高く評価されるべきだという議論がある。住民総会は「議会よりも一層住民の意思を端的に表現しうる」がゆえに憲法に抵触しないというように間接民主制よりも直接民主制を高く評価する憲法解釈もそれに基づいている。直接民主制の系譜にある住民総会は、間接民主制よりも価値的に良いとは限らない。表4-3のように、住民総会にはメリットもあれば、デメリット・考慮すべき論点がある。これらを比較衡量しながら慎重に制度設計をする必要がある。

表 4-3　住民総会の想定されるメリット・デメリット

メリット	デメリット・考慮すべき論点
・住民が政治にかかわる（市民教育） ・現場の意見が政治に反映される。	・議案等を十分理解可能か。 ・合意形成は可能か（声の大きい人の独善、膨大な時間）。 ・参加者が少ない（定足数のハードルが高いと成立しない）

注：自治体の活動量が多い場合、また参加人数が多い場合、デメリット・考慮すべき論点が増幅する。日本の自治体の場合、二元制、しかも巨大な財政、職員が配置される執行機関の首長が公選となっている。これもデメリット・考慮すべき論点が増幅する。

住民総会のイメージ―間接民主制は次善の策か

　今日の議員のなり手不足問題だけではなく、20世紀初頭により生起した間接民主制の危機（議会制民主制の形骸化）は今日でも指摘されている。こうした政治意識の広がりの中で、住民総会を含めて直接民主制が注目されている。その際、直接民主制がベストであるが、規模が大きいために作動できず、間接民主制は「仕方なく」構想されたものという捉え方が広がっている。

　しかし、間接民主制は規模の拡大から次善の策として構想され制度化されただけではない（注7）。間接民主制は、討議・熟議によって多様な視点から論点を明確にして同意が形成される可能性があり、それを観たり聴いたりする住民への世論形成を行う。議会独自な意義である。

　政治的価値の相違によって、この二つの民主主義の類型に関する力点は異なってくる。筆者は、直接民主制の系譜である参加重視と間接民主制の系譜である権力制限・熟議重視といった二つの系譜は必要であり、それらの両系譜を意識した制度化と運営が必要だと考えている（新住民自治論）（注8）。民主主義は住民参加を強調するとともに、議会だけではなくさまざまな場での討議・熟議が必要である。両者を含み込んだ制度と運用である。住民総会の設置の場合、二元制の下で、討議空間の創設とそれを踏まえた首長等との政策競争がポイントになる。

　住民総会として紹介されることの多いアメリカ合衆国のニューイングランド地方のタウンミーティングがある（注9）。タウンミーティングとしてもっともイメージしやすいのが〈タウンミーティング―理事会〉型である。理事会が設置され、これが住民総会に提出する議案をまとめるとともに（住民からも可能）、恒常的な運営を行う。総会（タウンミーティング）は年次（通常1回、たと

えば3月）とスペシャル・ミーティング（臨時）が開催され、そこに権限が付与される。

恒常的に住民が集まって議論し決定しているわけではない。しかも、参加率が低いことである。「小さなタウンほど参加率が高く、人口の多いところほど参加率が低くなっている」。概して、人口1000人未満でようやく20%-30%の参加率で、それ以上の人口では低くなる。

住民総会設置の留意点

日本において住民総会を制度化する場合、次の三つを考慮しなければならない。これをクリアーしなければ、制度化しても住民自治が作動しないか、住民総会自体が作動できない。デメリット・考慮すべき論点が増幅し、住民自治とはまったく異なる制度、直接民主制の換骨奪胎となる。首長主導型住民総会になる可能性と現行の法体系では困難なことの再確認である。

①活動量の豊富な自治体。予算や条例を審議し決定するには膨大な時間が必要となる。住民総会と比べて少人数の議会では、「公開と討議」を行うことにより、「住民の縮図」をフィクションであっても創り出す。住民総会は直接住民が参加することで「縮図ではなく生身の住民」かかわることで、議会制以上の時間を必要とする。この設定がなければ承認機関となる。承認させるのは、次の論点と結びつく首長である。なお、住民総会を機動化させるには理事会や委員会の設置、事務局体制の充実も想定できるが、議会制とどこが異なるのかという論点も浮上する。

②二元制の下での住民総会。膨大な財政、多くの職員を配置している首長が設置されている。その下での住民総会を想定しなければならない。住民総会側

に調整や運営を担う組織の設置が不可欠になる。また、民主制では討議空間の創出が不可欠である。住民総会ではどのように可能かを提示しなければならない。これらについての回答なきままの住民総会は、単なる幻想である。

　③法令の縛り。自治法第95条では、住民総会は議会規定の準用となる（表4-4参照）。使い勝手が悪い。定足数は住民総会開催にあたってハードルの高い事項だろう。また、地域のリーダー的存在である公務員、請負を行う自営業者等の役員が住民総会構成員から排除される可能性が高い。

表4-4　自治法の準用の範囲

自治法が準用される事項（主なもの）	自治法等が準用されない事項
権限（96）、定例会（102、102の2）、兼職・兼業禁止（92、92の2）＊、検査・調査等（98、100）、議長選挙・権限（103、104）委員会設置（109）、議員の議案提出権（112）、定足数（113）、公開原則（115）、表決（116）、事務局設置（138）	議員定数（91）、議員の選挙（公職選挙法）、議員の任期（93）、議会の解散（76、78、178）等

注1：数字は自治法条文数。
注2：＊この準用にあたっては、参政権の剥奪から憲法上の疑義はあるであろう。

住民総会の非実現性と危惧

　これら三つのことを考慮して、住民総会は実現性に乏しいか、実現したとしても首長主導型住民総会にならざるを得ないことを確認したい。

　①総会は成立するか
　日本においても住民総会は設置できる。ただし、議会と同様な権限を担い運営する。「理事会」を設置することは可能であるし、住民総会の運営を委ねる

ことはできる（異論は想定できるが）。しかし、そこに議会（住民総会）権限を委ねることはできない。

　日本の自治体の活動量は世界の自治体と比べて豊富であり、その監視や政策提言を行うには恒常的な活動が必要である。今日、議会からの政策サイクルなど通年的に議会は作動している。それと同様な住民総会を恒常的に行うことになる。しかも、定足数は原則過半数である（自治法113）。また、懲罰の際には、3分の2（自治法135③）という例外もある。兼職・兼業禁止規定を念頭に置けば、重要な現役世代が排除される可能性はある（自治法92、92の2、参政権の剥奪から憲法上の疑義はある）。住民が恒常的に出席する可能性はあるのだろうか。

②首長主導型住民総会への危惧

　すでに指摘したように、民主制の重要性は参加とともに討議の場の設置である。住民総会でも討議の場の設定とともに、首長等と政策競争する可能性を考えよう。首長から提出される議案に対して、住民総会が頻繁に開催されなければ専決処分の連続となる。そうなれば、首長主導の住民総会の成立である。

　それを回避するには、住民総会においてどのように議論し議決するのかが問われる。住民総会本体がそのまま受ければ、原子化された住民により、恒常的に開催したとしても議論どころではなく追認機関化する。

　それならば効率的に議論する場、つまり代表組織の設置が想定できる。たとえば、理事会で論点を明確化した後で住民総会にかける。あるいは、住民総会の下に委員会を設置し恒常的に調査研究を行う。その際、理事や委員を選出するには選挙になる。決定権限はない。したがって議会とは呼ばない機関が設置される。その理事や委員は、立候補制を採用するのか、どの程度の報酬を支払うのか、議論する論点は多い。

　こうした設計がないままに住民総会を制度化すれば、首長主導型の運営にな

105

らざるを得ない。そもそも、アメリカ合衆国のタウンミーティングは二元制を採用していない。日本では首長と住民総会との関係が問われる。この間実践してきた二元的代表制＝機関競争主義をどのように応用するか、あるいはそれと異なる住民自治の進展の制度化と運営を議論する必要がある。それがなければ、住民総会は日本では膨大な権限・人材を有する首長からの提案に対する追認機関となる。議会で重要な討議空間は霧散霧消する。

　以上のことから、住民総会は、恒常的な開催ができないか、できたとしても活動量の豊富な行政をチェックすることが困難である。二つのことを考慮すれば、二元制の下では結局首長主導型住民総会にならざるを得ない。

　住民総会の可能性と制度設計を意欲的に試みた論稿は、「議会が毎年処理する議案すべてを、これに代わる総会がそのままで時期を失することなく処理することは、開催手続き等の関係で、困難になることがある」と本著と問題意識を共有している（注10）。ただし、その先が異なる。本著では、危惧による冷静な検討、正確には保留の提起に対して、その論稿では、可能性を探る。「町村の運営に特に重要な案件以外の決定は総会以外の機構にその権限を委ねるという仕組み」の設計である。限定を付しているが、首長の専決処分に委ねることである。もちろん、全面的裁量ではなく、総会構成者の代表者で構成する「議案審査特別委員会」の承認の条件である（法律改正が必要）。

　基本的に専決処分に委ねる発想は、特別委員会の承認を必要とはするが、首長主導型住民総会の設立である。なお、当該特別委員会を充実させるには正統性や十分な活動時間が不可欠である。議会とどこが異なるのであろうか。検討を要する論点である。

法制度改革の論点

①自治法改正をめぐる争点

　現行の地方自治法での住民総会は、使い勝手が悪いだけではなく、地域民主主義にとっても課題を内包している。そこで自治法改正が想定できる。二つの方向が考えられる。一つは、住民総会規定の削除、もう一つは、住民総会を継続する方向である。後者には、首長主導型民主主義の延長として捉えられる方向と、討議空間を重視する方向とがある。

ⅰ　住民総会規定の削除

　すでに指摘したように住民総会規定は、憲法違反という解釈もある。また、活用されていない死文化されている条文である。そして、設計の仕方では討議空間の軽視にあることが多い。これらのことから住民総会規定を削除することも想定できる。

ⅱ　住民総会規定の緩和

　住民総会規定の緩和には二つの方向がある。

　一つは、すでに指摘した首長主導型総会の延長の制度設計である。住民総会設置の場合の定足数の緩和・廃止（審議と議決を分ける、参加意欲がある者のみの参加で可能等）、兼職・兼業禁止規定の緩和などの改正などをすれば事足りる。より住民参加を充実させるために、住民総会と住民投票を連動させる試みは、首長主導型総会の問題を是正することにはなる。一定規模以上の公共事業等や、住民総会から提起された事項にかかわる拘束型の住民投票である。スイスの市町村の多くで行われている住民総会と住民投票の併置の活用ではあるが、参事会や住民総会等での討議空間を充実させない限り、首長主導型総会の課題は解決できない。

もう一つは、討議空間を創造し、首長との政策競争を踏まえる制度改革である。「住民自治の根幹」としての議会を廃止しないものである。年次予算、大規模公共事業等に限って住民総会の決議事項として、それ以外は住民が直接選挙する議会の議決事件とする。ここでも、定足数や兼業・兼職禁止事項の緩和の必要はある。

　なお、「多人数議会と副議決機関モデル：多人数議会または住民総会と副議決機関が併存」（地方行財政検討会議「地方公共団体の基本構造について（たたき台）」2010年）の設計は、二つの方向のどちらにも揺れる。現行の第96条の議決事件を議決事件と承認事件に分け、多人数議会又は住民総会は主要な条例・予算等（議決事件）を議決し、副議決機関は、その他の条例（議決事件）を議決することに加えて、契約の締結、財産の取得・処分、訴えの提起等（承認事件）の長の執行について承認する。これにより住民自身が地域経営にかかわるとともに、討議空間を創り出せる可能性はあるが、副議決機関が「承認機関」となれば、首長主導型住民総会の系譜に位置づくものになるであろう。

　②住民総会的なものを議会に連動させる―議会への住民参加のさらなる展開

　改正以前でも、議会への住民参加をより充実させ、住民総会的なものは設置できる。議会の議決事件の権限を委ねることはできないが、その議決の前に住民と議論することは必要である。予算審議の前に議会が論点を明確にして住民と議論することもその一つである。そのことが、議会の役割を住民が認知し支援し、立候補者を増加させる機会になる。議会の廃止による住民総会とは逆のベクトルから、なり手不足打開が模索されている。

＊　＊　＊

　議会の廃止による住民総会の設置がセンセーショナルに取り上げられた。大川村は「留保」した。住民総会の検討は無意味とはいえないまでも、本著で確

認したように制度化にあたっては、越えなければならないハードルはある。その議論は必要であるとしても、議員のなり手不足に悩み苦しんでいる自治体にすぐに応えることにはならない。そこで、この問題に真摯に取り組んでいる議会を参考にしながら、その解消の手法を探ることは緊急の課題である。

注1　大川村議会は、議会運営委員会は議長からの諮問に対し「議会は今後も構成でき、村総会の研究は保留」とする答申を議長に提出した（２０１７年８月18日）。大川村長は村としても総会について調査・研究を進める考えを表明した（６月12日）。大川村議会維持対策会議（大川村と高知県による設置）は、大川村役場で初会合を開催（会議は大川村から５人、高知県から５人の計10人で構成）した（６月22日）し、第２回会合では、村議会議員に立候補する可能性の有無などについて有権者３６１人に尋ねたアンケートの結果を公表した（７月21日）。

注2「必要を感じない」は14村。15村は「全員が集まるのが難しい」。12村は「住民全員が議案を精査するのが難しい」とした。『日本経済新聞』2017年6月13日付け。

注3　青山彰久「小さな村の大きな問題提起—高知県大川村で考える小規模町村の議会再生」『ガバナンス』2017年9月号。なお、この中には村長に研究を促した朝倉慧（あきら）議長の次の言葉も掲載されている。「形だけ議会があればいいのではない。定数を減らせば済む話でもない。かといって、今の地方自治法でいう住民総会はできっこない。国は過疎地域の政治制度を真剣に考えてこなかった。国は制度をどう検討するのか、住民はどう考え、議員はどう責任を果たすのか」。

注4　第２次地方（町村）議会活性化研究会（編集・発行）『分権時代に対応した新たな議会の活性化方策』2006年、8頁。自治法制定後、東京都八丈島宇津木村が設置していた（1951年から1955年まで設置（八丈町に編入にともない廃止））。数少ない研究として、榎澤幸広「地方自治法下の村民総会の具体的運営と問題点」『名古屋学院大学論集社会科学編』第47巻第3号（2011年1月）、がある。住民総会は一般化できないことが理解できる。なお、長野県大滝村では、村営スキー場の多額の債務による財政危機状況を踏まえて、議会経費の削減を目的として、住民総会の設置に関する条例案が議員提案により提出されたが否決されている(2005年6月、当時1097人)。

注5　法学協会編『註解日本国憲法』（下巻）有斐閣、1954年1390−91頁。自治法制定時に、ＧＨＱの担当者がタウンミーティングと混同して推進を主張していたことは周知のことである。

注6　今井照『地方自治講義』ちくま新書、2017年、223頁。

注7　政治学では、小規模は民主制に大規模は効率性に有効であるという議論が続いている。なお、次善の策としての間接民主制ではなく、討議等の意義を強調する、早川誠『代表制という思想』風行社、2014年、待鳥聡史『代議制民主主義』中公新書、2015年、参照。

109

注8 江藤俊昭『地方議会改革―自治を進化させる新たな動き―』学陽書房、2013年、終章、参照。

注9 自治体国際化協会編集・発行『タウンミーティング』1998年、参照。なお、スイスの住民総会の状況は、岡本三彦「住民総会とミリッツシステム」踊共二・岩井隆夫編『スイス史研究の新地平』昭和堂、2011年、参照。

注10 田中孝男「住民総会に関する法制度設計試論」『年報自治体学』13号（2000年）。今から20年近く前の論文である。これを根拠にするには躊躇するが、論点を考える上で参照した。

第5章

「新たな 2 つの議会」提案の衝撃

−総務省「町村議会のあり方に関する研究会
報告書」を素材に地方議会改革を考える

新たな二つの議会の提案

　総務省「町村議会のあり方に関する研究会報告書」（以下報告書と略記）が研究会座長である小田切徳美明治大学教授より野田聖子総務大臣に手渡された（2018年3月26日）。研究会、および報告書のタイトルは「町村」となっているが、報告書が対象としているのは小規模市町村議会に広がっている。深刻な小規模議会議員選挙におけるなり手不足の現状、それを踏まえた高知県大川村による町村総会の検討の動向を考慮して、研究会は設置された（高市早苗総務大臣により提案され設置された）。その報告書は、なり手不足の原因の探求から始まり、町村総会の弾力的運用の有無の検討（結論は「無」）、そしてさまざまな議会の試みは評価しつつも、新たな二つの議会（集中専門型、多数参画型）の提案、それを実行する際の留意点（住民参画、公務員の立候補の支障の緩和、議決事件の限定と請負禁止の緩和）、という構成になっている。

　この総務省報告書は、①幅広い人材確保、②町村総会のより弾力的な運用方策の有無、③その他議会のあり方にかかわる事項などについて検討する研究会の報告書である（注1）。報告書の構成は順当であるように思われる。しかし、現場からの法改正提案の検討や町村総会可能性の検討の弱さから、「新たな2つの議会」の提案が強調された。「これまで議会運営の改革に主体的に取り組んできた町村議会等が要望してきた議員の兼業禁止の緩和や公営選挙の拡充などの諸課題についても、掘り下げて検討がなされた経緯は見当たらない。もっぱら小規模市町村において、『集中専門型議会 』と『多数参画型議会 』という2類型の議会を自主的に選択できる新たな制度の創設とその附帯的課題について提言することに主眼が置かれている」といった評価は的確だと思われる（注2）。そこで、「新たな2つの議会」の概観は、表5-1で理解できるであ

第 5 章　「新たな 2 つの議会」提案の衝撃

表 5-1　2 つの議会のあり方

	集中専門型	多数参画型
(a) 議員活動	主たる職務として専業的に活動	従たる職務として非専業的に活動
(b) 権限	地方自治法第 96 条第 1 項を維持（積極的に同条第 2 項を活用し、政策形成に関与）	契約・財産等に関する議決事件を除外
(c) 議員報酬・定数など	生活給を保障する水準　少数の者からなる議員構成	生活給保障なし　多数の者からなる議員構成　選出方法の見直し
(d) 兼職禁止・請負禁止	請負禁止を維持公務員の立候補退職後の復職制度	請負禁止を緩和　他の自治体の常勤の職員との兼職可能
(e) 議会運営	本会議審議（委員会制なし）平日昼間中心	通年会期制による審議日程の分散　夜間・休日中心
(f) 勤労者の参画	立候補に係る休暇の取得等について不利益取扱いを禁止	立候補及び議員活動（夜間・休日中心）に係る休暇の取得等について不利益取扱いを禁止
(g) 住民参画	議会参画員の活用	多数の有権者が議員として参画

注：総務省「町村議会のあり方に関する研究会　報告書」（2018 年 3 月 26 日）からタイトルを変更している。なお、集中専門型では定数を少なくし、報酬を生活給とするがゆえに、また多数参画型では「各市町村の主浦従や小学校区を単位とした選挙区を設けて選出することが考えられる」ことにより、立候補者は確保できるとしている。後者については、自治会町内会代表を想定していると思われる。

ろう。注意していただきたいのは、二つの議会のうちどちらかを選択した場合、そこに含まれる要素すべてを採用しなければならないことである。これが、イメージではなく「不可分のパッケージ」の意味である。報告書の内容がすぐに実現するわけではない。地方制度調査会の設置、審議、答申を経て制度化される。大いに議論したい。結論を先取りすれば次の論点を少なくとも議論したい。括弧内（【】）は筆者の見解である。なお、筆者は、「不可分のパッケージ」（選択したら画一的な押し付け）ではなく、イメージとして提出すること、および法改正は小規模市町村に限定せず地方議会一般にも活用することを議論することを強調している。

①　現行を残しつつも議会を「不可分のパッケージ」に押し込む画一性の是非【報告書は国からの改革になっている】。

②　新たな二つの議会の実現性【提案の要素の実現性にも問題がある】。

③ 法改正を小規模市町村に限る意味【小規模市町村に限ることではない】。

④ なり手不足解消には、議会・議員の魅力が不可欠であること、制度改革にあたっては現場からの提案を重視することの是非【現場の動向や提案を尊重すべきである】。

衝撃と報告書への期待？

①報告書への注目

報告書が公開された翌日、全国新聞、地方新聞等が大きく取り扱った（3月27日付）。兼職規制が緩和され「なり手確保に向けて一定の前進」「選択の幅を持たせる点で評価」といった好意的評価もあるが、全体的に批判的消極的評価である（「自治体の自由度を狭めるだけ」「机上の空論」等）。その中で、「社説」として扱ったのは、管見の限りでは2紙、『読売新聞』『朝日新聞』である（注3）。

読売新聞（「町村議会改革過疎の自治を支える人材確保を」）では、報告書の紹介がおこなわれ報告書への具体的なコメントはない。「二元代表制の趣旨を損なわないか、今後慎重な議論も必要となる」、「民意をくみ取る方法は必ずしも一様ではあるまい。『地方のことは地方できめる』との地方自治の趣旨を大切にしたい」、「議会のあり方や議員の待遇を総合的に検討する必要がある」と好意的な評価はせず、議論を広い視点から考えることを淡々と論評している。的確な指摘である。

朝日新聞（「町村議会改革国のお仕着せが過ぎる」）では、「首をかしげざるを得ない」と断言する。三つの理由が示される。①「議会の機能が低下しかねない」、②「2種類について、自治体に原則としてパッケージで選ばせる姿勢が地域の自主性を尊重する分権改革に逆行している点だ」、③「研究会が大学教授らだけで構成され、議論が非公開で進んだことだ」、という三つの理由である。最

後の③は、今後関係者と議論するための素材であり、単なる報告書であるという弁明があるかもしれない。①②については、本著で議論する論点と重なる。

②予想される期待

議員のなり手は深刻である。研究会がその解消を目指した提案を行うこと

表 5-2　想定される評価とその実際

〈議会像を明確にし、議会改革の方向を指し示した〉
　新たな 2 つの議会は極端な議会像だとしても、各議会の改革の素材になるという意味では理解できる。つまり、イメージとして有用かもしれない。しかし、「不可欠のパッケージ」（選ぶならこれを！）とすることは、「国からの改革」「集権制の強化」「行政体制の強化」や、「議事機関」を弱体化させるという基本的問題がある。

〈従来不可能であったものが法律改正の提案によって可能となる〉
　「公務員の立候補退職後の復職制度」「立候補の係る休暇の取得等について不利益取り扱いの禁止」「議会参画員」「契約・財産等に関する議決事件の除外」「請負禁止の緩和」「他の自治体の常勤職員との兼職可能」「立候補及び議員活動（夜間・休日中心）の係る休暇の取得等について不利益取り扱いの禁止」といった法改正が提案される。筆者は、契約と財産の取得処分の廃止は、不必要だと考えているが、それ以外は従来から議論されてきたものである。その意味で評価できるともいえる。しかし、それはなにも 2 つの議会に限ってではなく、広く市町村議会や都道府県議会を含めて地方議会には必要である。つまり、2 つの議会だけの改正の意味はない。改正であれば慎重に議論した上での自治法改正が必要である。

〈抽選制で選出された議会参画員が議会の議論を補完する新たな試み〉
　議員を少数とする場合、多様な意見の表出に障害が生じる。そこで多様な住民によって構成される表出と討議の場が必要となってくる。議会参画員である。抽選制による討議空間の設置は自治体において流布している。市民討論会などである。それを参考に制度化したものである。その際、裁判員制度を踏まえたものとなっている。新たな制度化の試みといえよう。議会参画員は、主体的に政治に参加する住民を育成することも目的となっている。つまり、主権者教育の意味がある。義務的な（「規律を設ける」）参加制度は住民自治の推進にとって有効なものか慎重な議論が必要だろう。そもそも、制度設計にあたってヒントとなっている長野県飯綱町議会の政策サポーター制度は自主的なものである。実現性についても問題を抱えている。

〈選択制による地方自治制度の多様性を推進する〉
　日本における地方自治制度、地方政府形態は画一的である。そこで、住民自治の進展にはその多様性を高めることが必要だという議論がある。筆者も異存はない。しかし、この報告書には「選択制」を強調しているものの多様性を否定・軽視する論理に基づいている。画一的な制度であっても、すでに多様な議会が創り出されている。先駆議会もあれば、「居眠り議会」もある。議会改革の進展によって「居眠り議会」は少なくなっている。先駆議会が提案する法改正によって、さらなる多様化と底上げは進む。先駆議会が提案する法改正を無視することは多様化に逆行する。このことはもう一つの問題を引き起こす。報告書は現行制度も存続させるとしても、新たな制度はなぜこの 2 つなのか。その間には、多様な議会が存在する。イメージとして 2 つの議会を提出することは理解できる。しかし、パッケージとして 2 つの議会だけの提示によって、その間の多様な議会が排除される。

注：〈　〉（括弧内ゴチック）は予想される評価、その下の記載は、実際の問題点。

115

を目的としていたがゆえに、当然報告書への期待はある。研究会委員（当研究会では構成員）には、町村や町村議会の改革を支援してきた者もいる。きっと、町村や町村議会にメリットとなる改革が提起されるはずだという「淡い期待」があることも知っている。さらに、報告書について好意的に評価する者もいるであろう。予想される評価と実際について検討したのが、表5-2である。これらの論点について、行論で検討することになる。

なお、報告書の読み方として難しいのは、解読する際のキーワードである「不可分のパッケージ」という用語が、報告書の最終頁（22頁）に一箇所だけでてくること、その後すぐに「拡張性ある制度設計」「より幅広い適用を認めることも考えられる」というそのパッケージを覆す論点も組み込まれているからだ。なお、概要版には「不可分のパッケージ」という用語は一箇所もない。極めて奇妙なことである。

基本的問題―国からの改革、議事機関の低下

報告書の検討に移ろう。まず、基本的問題についてである。パッケージという提案の仕方、議会の存在意義である討議の軽視を中心に確認しよう。

(1)「国からの改革」「集権制」「行政体制強化」

まず、パッケージという提案の仕方についてである。条例に基づく選択制といいながら型にはめ込む。報告書の中核は、集中専門型と多数参画型といった新たな議会を提起したことである。専業的に活動する議員によって構成される議会と、非専業的な（ボランティアをイメージする）議員によって構成される議会の二つである。それだけでは、何の変哲もない提案である。しかし、その従来から一般に流布するイメージを「不可分のパッケージ」として提案したこと

第5章 「新たな2つの議会」提案の衝撃

に報告書の特徴がある。もちろん、現行制度は残る。しかし、悩みながら住民自治を進めるべく現行制度下で改革を行っている議会が提案した法改正には触れず、新たな議会に向けた改正だけの提案は、悩んでいる議会に二つの議会のどちらかに誘導する意図がうかがわれる。小規模議会だけに、しかも二つの議会それぞれだけに限定することで、議会の多様性は排除される。具体的には次の三つの問題がある。

①不可分のパッケージの押し付けによって、自主的改革を阻害する。このパッケージは、強固なものである。「つまみ食い」（筆者の言葉では「創造的活用」）はできない。現行制度の運営は評価されているものの、先駆議会が提起する法改正（兼業禁止の緩和、公営選挙の拡充、補欠選挙の改正（国や都道府県の選挙でも実施可）等）については進展もなく、結局強固な新たなパッケージに誘導する発想は、これまで行ってきた自主的改革を阻害する。つまり、「国からの改革」の様相を帯びる。

②自由裁量を広げた改革への逆行。議員報酬・定数、議決事件の追加、夜間休日議会、通年議会（通年期制）などは、条例・会議規則で自由に決めることができる。新たな二つの議会では、これらの事項、その多くは議会（したがって住民）が獲得してきた事項をパッケージとして画一化する。自由な事項を再び規制するのは、地方分権には逆行する。つまり、「集権化」の様相を帯びる。

③議決責任の限定によって「住民自治の根幹」である議会の役割を軽視。多数参画型では、多くの住民が議員となることを想定しているために、兼業禁止の廃止（報告書では緩和であるが廃止の意味）を行う。その代わりに、契約と財産の取得処分という議決事件を限定する。それらは首長の「足かせ」というより緊張関係に役立っていた。議決事件を限定することは、その緊張関係を弱体化させる。しかも、非専業的な議員を想定する議会であればなおさらである。そ

117

そも契約や財産の取得処分は政令基準で限定されていることが軽視されている。議決事件の限定は、「行政体制強化」の様相を帯びる。

(2) 議事機関の軽視

もう一つの基本的問題は、新しい二つの議会では「議事機関」の役割が弱体化する。議会と首長等との緊張関係を想定している二元的代表制（機関競争主義）からの離脱だといってよい。

①集中専門型における議会と首長との癒着か、逆に激しい対立の恒常化。それは、専門性を有した少人数の議員によって構成される議会である。多様な民意を集約して議員間で討議する役割が軽視される。かりに、議会参画員を挿入したとしても、議会自体が討議する機関にならなければならない。多様性を重視した討議する議事機関からの逸脱となる。また、少人数は一方では首長との近接性が強く癒着が生じ、他方では首長との日常的対立が顕在化し、緊張感を有した議会と首長との関係が創出できない。二元的代表制からの逸脱だ。

② 多数参画型における監視機能の弱体化。それは、多様性を重視しつつも、議員間での討議とそれによる妥協を軽視する。もちろん、多数参画型が想定する多人数でも討議は可能である。しかし、夜間・休日を主とする議会開催では討議に十分な時間をとることは困難である。契約と財産の取得・処分を限定したとしても議決権限は多いのは当然だ。それを低い報酬で監視が可能かは慎重な議論が必要である。それでは、首長主導の運営となり、議会は結局追認機関となる。ここでも、議事機関、そして二元的代表制からの逸脱となる。

第５章　「新たな２つの議会」提案の衝撃

乏しい実現性

⑴集中専門型の非現実性

　集中専門型は、議員を少数（３〜５人が参考にされる）とすることで「なり手不足」の解消を目指すとともに、その少数の議員は首長と一体となって地域経営を行うことを目指す。公務員の復職制度を導入する。住民との距離が広がる懸念は、抽選制によって選出される「議会参画員」が補完する。これらの提案の現実性を考えたい。

　①定数を少なくすることは、意欲ある住民が立候補を躊躇することになり結果的に特定の層だけの議員となる。いわば地域名望家だけの議会となる可能性がある。

　②議会と首長との距離が極端に狭まり、一方では癒着が生じ監視が効かず、他方では日常的な対立が生じ、どちらも地域経営上の支障をきたす。

　③本来別の論理である議員報酬と定数を一体的なものと考えて制度化する非論理性に基づいている。そもそも生活給とする実現性は希薄である。そのために、大変な努力が軽視されている。

　④定例会、平日・昼間開催といった従来型の議会運営を行いながら、委員会主義は採用しない。そうだとすれば、閉会中審査はできず、結果的に議会力はダウンする。

　⑤新たな試みだとしても議会参画員の作動は難しい。市民討論会は、短期（せいぜい２日間）で、特定のテーマで開催される。議会参画員は長期（２年間）であり、広範なテーマとするために裁判員制度のような義務的な要素（「規律を設ける」）を盛り込むことになる。長期に参加し時間をとることの可能性、また少ない議員数によって 多様な民意の集約化の可能性についての慎重な議論が必要だ。

　⑥公務員の復職制度は広く一般でも活用できるが、有利に活用できるのは組

119

織内議員を有する公務員の労働組合、あるいは首長に近い公務員などでる。

⑵多数参画型の非現実性

　多数参画型は、権限を限定し議員の責任を軽くするし、夜間・休日の議会運営を行い、同時に選挙区を設置することで地区代表によって多数の議員を確保する。これらの提案の現実性を考えたい。

　①契約と財産の取得処分の権限を除外するとはいえ、議会は相変わらず巨大な権限を有する。議員の非専業性が強調されることにより議決にかかわる自覚を希薄化させ、執行機関に対する監視機能を低下させかねない。

　②監視には大いに役立っていた契約と財産の取得・処分の除去は、監視機能を弱体化させかねない。そもそも、議会がすべての契約と財産の取得処分の議決権限を有しているわけではなく、政令基準に基づいて条例で定めている。首長の「足かせ」になっているわけではない。むしろ、全国町村議会議長会等は政令基準を削除し、条例で定めることを要望している。

　③兼業禁止の廃止によって、「口利き」が登場する懸念もある。

　④夜間・休日議会で有効で効果的な議会運営が可能かどうかは慎重な議論が必要である。漁業を主とする地域など、夜間・休日議会がすべての地域で立候補者を増加する要因にはならない。

　⑤他の自治体の公務員であれば議員となれるといっても、こうした公務員の存在は、小規模自治体ではほとんどゼロに近い。

小規模市町村だけの問題か―提案の法改正の拡張を

　報告書には、小規模市町村を対象としているが「小規模」についての定義はない。第29次地方制度調査会答申での1万人未満が例示されているものの、

1000 人未満、5000 人未満、1 万人未満の実態が示され、「これらとあわせて、各方面の意見を踏まえて検討する必要がある。」と指摘している。当初、研究会の名称にもあるように「町村」を対象とすることだったが、「小規模市町村」に名称変更されている。町村でも約 5 万人もあれば、市でも 1 万人を切っているものもあるからであろう。人口で制度を区分する意味はあるのであろうか。小規模自治体は、地域振興につとめ人口減少問題にも大いに貢献している。島根県海士町（2500 人）、長崎県小値賀町（3500 人）、高知県大川村（400 人）などを想定するとよい。また議会では、北海道栗山町（1 万 3000 人）、同福島町（約4000 人）などは議会改革を先駆的に実践している。議決事件の追加（自治法 96②）を 2000 年に行ったのは町村議会である（福島県月館町議会（現伊達市））。

　意欲ある議会が自主的に試みられる制度設計が必要である。市町村全体にかかわる法改正を行って、つまり市町村全体に網をかぶせてできるところはそれを活用することが自治にとっての前提であろう。

　報告書は、厳格に「不可分のパッケージ」を強調するが、それぞれに限定せず「小規模市町村」にまで広げる課題を提示してはいる。それにとどまることなく、市町村議会や、都道府県を含めた地方議会にまで広げることは当然必要だ。報告書の言葉では「拡張性のある制度設計」も必要である。今回新たな二つの議会それぞれに提案されている法改正は、従来それらに限定せず地方議会一般の改革として議論されていた。

　たとえば、「休職・復職制度」（第 29 次地制調答申）、「夜間・休日議会」（第29 次地制調答申）、「当該自治体以外の職員との兼職」（第 28 次地制調答申）、「勤労者の立候補に係る休暇の取得等について不利益取り扱いを禁止」（第 29 次地制調答申）などが議論されている。なお、「契約と財産の取得処分」については、多数参画型だけではなく、地方議会一般でしかも兼業禁止規定の緩和とのバーターではない制度設計が議論されている（第 29 次地制調答申）。なにも、新しい

二つの議会それぞれだけに適用させる議論ではない。報告書で提案された法改正は、慎重な議論が必要ではあるが、新たな二つの議会だけに、また小規模議会だけで有用なものではない。なぜ、新しい二つの議会それぞれだけなのであろうかという疑問がわく。「実験主義的進め方」といわれるゆえんである（注４）。

なり手不足に結びつくか

　研究会設置の目的が議員のなり手不足の解消の方途を探ることであった。その意味で、新たな二つの議会の提案は、有用なのかが重要なポイントとなる。筆者の見解は、「なんともいえない」ということである。報告書はさまざまな要素を併置させながら、一方で少人数にすれば、他方で議決権限を限定して負担を少なくすれば（集落や小学校区を単位とした選挙区を設けてそこに立候補者の責任を持たせることで）、立候補者が増加する、というわかりやすい思考に基づいている。

　なり手不足の解消は多元的に取り組まなければならない（注５）。まず、現行法体系の下でも可能な施策の実践が必要だ。なり手不足の要因と連動した対応である。要因として、議会・議員の魅力の衰退、議会・議員の活動条件の貧弱性、地域力の低下が想定できる。これらに取り組む必要がある。

　たとえば、長野県飯綱町議会は、議会だよりモニターや政策サポーターなどを制度化し、参加した住民が議会を知る場を提供し信頼される議会・議員に努力した。また、議員報酬の低さを打開し増額を住民と考える場を設置し増額した。さらに、地域力の活性化のために、集落振興支援基本条例を議員提案し制定した。これらによって、2017年議員選挙では無投票から脱した。

　制度改正も重要であるが、まずもって重要なことは住民にとって議会・議員が魅力的になることである。そうならなければ、立候補者は増加しない。この

ことについて報告書は、「現行議会における議会改革の取組み」という章を設け、「現行制度化においても、こうした議会改革の取組により、議員のなり手不足という課題に一定の成果を上げている自治体もあり、各地方議会においては、これらの自治体の取組内容や成果を踏まえ、自主的取組を積極的に展開していくことが重要」であることを評価している。

その上で「現行法令の枠内では課題解決に制約があることも事実」であり、「町村総会とは異なる制度的解決策を喫緊に提示する必要がある」と断言する。ここまでは、了解するが、その先が新たな二つの議会の提示になる。その問題点については検討した。

法改正にあたっては現場からの法改正提案に耳を傾ける必要がある。国に対して意見書・要望書を提出している議会、議長会がある。すでに指摘しているように、北海道浦幌町議会は、なり手不足に危機感を抱き、検討を重ねた。なり手不足解消の方策には、当該議会で解決できる課題とともに、法制度改革が必要なものがあるという。それを検討するとともに、それらの事項を意見書として国に提出した。被選挙権の引き下げ、補欠選挙を当該自治体（要するに首長）の選挙だけではなく他の選挙が行われるときにも可能とすること、公営選挙の拡大、「若者手当」「育児手当」の制度化、企業側を支援する「議員チャレンジ奨励金（仮称）」の制度化、などである。

北海道浦幌町議会は、「地方議会議員のなり手不足を解消するための環境整備を求める意見書」を議会は全会一致で可決し（2017年3月15日）、国に提出した。その後、十勝町村議会議長会、北海道町村議会議長会は同様の内容の要望書を国に提出した。しかし、国からは何の対応もないという。

また、本研究会の起点となった高知県大川村では、大川村と高知県による「大川村議会維持に向けた提言について」が策定され、制度改革への提言が総務大臣に提出された（兼業禁止規定の緩和・明確化、議員報酬の確保）（注6）。それら

に応えることがまずもって必要だと思われる。

　議会・議員の魅力の向上とともに、現場からの法改正の提案の実現こそがなり手不足解消の正攻法である（注7）。

現場からの反論

　報告書に対して現場からの反論が提出されている。全国町村議会議長会、全国市議会議長会である。本著と重なる論点も多い。併せて読んでいただきたい。

①全国町村議会議長会からの異論

（「町村議会のあり方に関する研究会報告書に対する意見」2018年3月26日）

　全国町村議会議長会は、五つの論点から報告書に対して意見を提出している。以下の項目の後に、その理由がそれぞれ説明されている（本著では省略）。

ⅰ研究会設置趣旨の「町村総会のより弾力的運用」について研究すべきである。

ⅱ現場からの声、自主的な取り組みを重視すべきである。

ⅲ議会制度を検討する場合に、町村のみを対象とすること、及び人口によって差を設けることに反対する。

ⅳ議会制度の制度設計において、パッケージで類型化した制度を考えることに反対する。

ⅴ議会の権限を低下させる制度改正（議決事件の限定など）に反対する。

②全国市議会議長会からの異論

（「『町村議会のあり方に関する研究会』報告書に対するコメント」（会長）2018年3月26日）

ⅰ 「集中専門型議会」

・議会と市町村長や「議会参画員」との間の距離が狭まり過ぎ、却って自治の
　現場における協調が困難になる。

・行政委員会に近似しかねない議会と市町村長が一体化して議会 本来の監視
　機能が弱体化しないか。

　・専業議員を想定しながら、民間勤労者を含めた当面の有為な人材の確保策
　　も不明瞭で、生活に困らない年金生活者や資産家、自営業者などの少数議員
　　によって議会が構成され、住民の議事参加で補完するとはいえ、多様な民意
　　を反映する議会とならない恐れを過小評価するべきではない。

ⅱ「多数参画型議会」

・多数の兼業議員の議員としての自覚が希薄化し、議会全体の機能低下を招かないか。

　・なり手不足対策の観点から、議会権限を限定すれば兼業禁止を撤廃してよ
　　いと簡単に結論できるのか。さらに、地方分権の潮流の中で、累次にわたり
　　議会権限が拡充されてきたこれまでの政策に逆行するものであり、契約・財
　　産等に関する案件の除外と議員の請負禁止の撤廃をバーターするような発想
　　は短絡的ではないか。

　・議会の開催も夜間休日が基本で平日昼間は年間数日と想定していることも、
　　市町村の行政が複 雑化・専門化する中、限られた審議時間で適切な処理が
　　可能なのか、また、兼業議員のためではなく地域住民のために、本当に意義
　　のある現実的な開催方法なのか。

ⅲ　今回提言された二つの議会類型は、いずれにせよ議会の議決権の限定と
　　議員の兼業禁止の緩和に関する部分を除いて、基本的に現行法と条例によっ
　　て多様な対応が可能なものである。これを立法によって議会権限の限定を含
　　む硬い枠に押し込めるような方向は、議会の自主性・自律性を拡大してきた
　　これまでの政策と相容れない。

自治の問題として報告書を読む必要性

　地方議会は、一部の例外を除いて市町村議会は同様な権限・組織である（町村のみ議会に代えて町村総会が設置可能（自治法94））。それが、今回小規模市町村に限ってといった限定を付した上で一般の市町村とは異なる権限・組織を選択することができるという、地方自治史上、特異な提案となっている。本章全体を読んで理解していただけるように、対象は小規模市町村議会であろうとも、その制度化にあたっての発想はそれに限った問題ではなく地方議会全体、さらには住民自治の問題にかかわる。そこで、主タイトルを「『新たな2つの議会』提案の衝撃」としている。

　極端であっても新たな二つの議会はイメージとしては了解できるとしても「不可分のパッケージ」とする必然性は希薄である。提案されたその二つの議会は議事機関の役割を弱体化させるなどの問題を抱えている。二つの議会のそれぞれの要素の現実性も希薄である。また、小規模市町村議会だけに限定して、しかも新たな議会どちらかに限定して法改正を行う必要はない。現場からの法改正提案を受け、それが実現すればそれぞれの議会が活用すればよい。そもそも、報告書の提案が研究会設置の目的であるなり手不足解消につながるかは即断できない。

　とはいえ、報告書は発想や基本的問題があろうとも、そこで議論されている論点、そして法改正提案は、今後の議会改革にとって活用できるものもある。それらを精査し法改正につなげることは、今後の課題である。報告書の問題点を確認することによって、住民自治、その「根幹」としての議会を再考する機会としたい。

第 5 章 「新たな 2 つの議会」提案の衝撃

【附記】

　筆者は、総務省「町村議会のあり方に関する研究会」構成員（委員）として報告書作成にかかわる機会を得た。構成員や事務局との長時間の真摯で熱き「刺激的な」議論が行われた。筆者の研究にとっても非常に刺激的だった。各構成員の「なんとかしたい」という熱き想いも感じることができた。報告書が公開されると大きな反響を呼んだ。今後の議会制度、住民自治を考えるにあたっての重要な素材となる。議論が巻き起こると思われるし、そうなってほしい。

　筆者は、研究会の中でいくつかの論点を提案したが、残念ながら基本的な事項は報告書に盛り込まれていない。報告書が公開されたいま、筆者の基本的な考え方を公にする。なお、研究会の議論の詳細が公開されているわけではない。本著を執筆するにあたって、それらを活用せず、報告書そのものに即して議論している。筆者は、「地方議会のゆくえ―総務省「町村議会のあり方に関する研究会報告書」を読む―」（上中下）『議員 NAVI』2018 年 4 月上旬号・下旬号、5 月上旬号、においてより詳細に報告書を解読している。併せて参照していただきたい。

注 1 「 町村議会のあり方に関する研究会開催要綱」では、「議員のなり手不足等により
　　特に町村の議会運営における課題が指摘されていることにかんがみ、小規模な地方公
　　共団体における幅広い人材の確保、町村総会のより弾力的な運用方策の有無その他の
　　議会のあり方に係る事項などについて具体的に検討を行うため、「町村議会のあり方
　　に関する研究会」（以下「研究会」という。）を開催する。」となっている。
注 2 　全国市議会議長会からの異論（「『町村議会のあり方に関する研究会』報告書に対
　　するコメント」（会長）2018 年 3 月 26 日）。
注 3 　地方新聞では、『愛媛新聞』3 月 30 日、『熊本日日新聞』同日、『新潟日報』同日、
　　『岩手日報』4 4 日、『山陽新聞』4 月 5 日、『中国新聞』同日、『徳島新聞』4 月 8 日、
　　などもある。評価は消極的・批判的なものである。
注 4 　全国市議会議長会からの異論（「『町村議会のあり方に関する研究会』報告書に対
　　するコメント」（会長）2018 年 3 月 26 日。
注 5 　本著第 2 章

127

注6　大川村・高知県「大川村議会維持に向けた提言について」2017 年 12 月 18 日。
注7　本著で示しているように、町村総会は討議空間としての役割が希薄化すること、
　　　議会条文を準用することによる使い勝手の悪さから町村総会について消極的に評価し
　　　ている。とはいえ、東京都青ヶ島村等での活用を否定するものではない。また、「議
　　　会に代えて」ではなく、議会と併置する町村総会は積極的に検討してよいと考えてい
　　　る。報告書のように、現状では困難という評価には賛同しているわけではない。

補章

議会・議員の
魅力向上のための手法

― 「議会からの政策サイクル」による
住民福祉の向上

議会・議員の魅力を創出するための手法として「議会からの政策サイクル」の理論と実践を紹介する。

連続性による追認機関からの脱皮

議会基本条例制定からこれまでの間の議会改革は重要であろうとも、あくまで運営という形式の変更である。住民福祉の向上に結合させることこそが必要である。改革の本史のさらなるバージョンアップ（第2ステージ）のもっとも重要な一つが議会からの政策サイクルの構築と実践である（注1）。

議会からの政策サイクルを回さない限り、つまりプツンプツンと定例会で切られると議会は追認機関にならざるを得ず、住民福祉の向上につながらない。議会活動の連続性が必要だ。

従来の議会を想定してほしい。定例会の開催は年4回で、閉会中の審議（委員会）は限定された付託事項（多くは議案）、といった状況が続いていた。その定例会も期間が限られ（せいぜい3週間）、議案は定例会が開催されてから提出されることにより（招集前に説明会が行われようとも）、結局、議会では質問が重視され、議案審議は不十分にならざるを得ない。

連続した議会運営によって追認機関から脱皮し、住民福祉の向上を目指していくために議会からの政策サイクルの構築が求められるのである。

議会はそれを行う上でさまざまな道具を持っている。たとえば議決（自治法96①②、付帯決議を含む）、条例案提案、要望・意見書・提言・報告書（決議を含むものがある）、質疑・質問（会派・一般）、委員会からの提言等である。これらを駆使して議会は住民福祉の向上を目指す。本著では、体系的な議会からの政策サイクル（大文字）を提示することになるが、その構成要素となる各層（個別）の議会からの政策サイクル（小文字）は着実に実践されている。たとえば

追跡質問・調査（それを踏まえて議会の課題として所管事務調査項目に加える）、予算・決算の審議（議決）との連動、条例の検証等は既に行われている。議会は、多様な層を意識してかかわっている。

「議会からの政策サイクル」の登場

(1)　議会からの政策サイクルの要素

議会からの政策サイクルは、議会基本条例において宣言された新たな議会（共時的）を通時的に、したがって過程として作動させたものである。議会からの政策サイクルの要素は次のようなものである。

①　起点としての住民との意見交換会（議会報告会）。前の期の議会からの申し送りとともに、住民の意見を参考にして議会として取り組む課題・調査研究事項を抽出する。住民との意見交換会は起点だけではなく、政策過程全体にわたって張りめぐらされている。

②　一方では、それを踏まえた決算・予算審議。住民の意見を踏まえた審査を行う上で論点を明確にしておく。議会独自の行政評価の実施はこの文脈で理解できる。行政評価によって決算審査・認定は充実し、その結果を予算要望につなげる。

③　他方では、住民の意見を踏まえた政策課題の抽出と調査研究、政策提言。委員会等の所管事務調査として行われる。

④　①～③の流れを束ねる総合計画を意識した活動を行う。議会は総合計画を所与のものではなく、変更可能なものとして考える。

この議会からの政策サイクルを作動させるためには、通年的・通任期的な発想と実践が不可欠である。定例会を年1回とした通年議会や、地方自治法において新たに規定された通年期制、さらに定例会は年4回だが閉会中も委員会を

中心に活発に活動する議会も含めて、通年的な発想は議会に広がっている。そして、議員任期は4年間であるがゆえに、あらかじめ4年間の議会の目標を定め、それを意識して活動し、首長等と政策競争をする。こうした通任期的な実践も生まれている。

⑵ 「議会から」の意味

　議会からの政策サイクルは、執行機関が回す政策サイクルとは当然異なる。執行機関の財源・人員を念頭に、同じことをやろうとすれば息切れをおこす。それ以上に重要なことは、執行機関とは異なる「議会から」という特徴を踏まえて独自の政策サイクルを回すことである。

　議員提案条例を重視したサイクルだが、「議会から」という特徴として、大津市議会は、執行機関の縦割りの狭間にあり、執行機関の率先垂範が期待できない、執行機関が当面の対応で手一杯の状態にある、といった行政課題に率先して取り組むことを強調する。それは、福島県会津若松市議会による「ニッチ（行政が取り組んでいない隙間）」の視点や取組みを豊富化している。

　より広い視点から、議会からの政策サイクルを考える場合、その議会の三つの特性を確認したい。

　① 執行機関の執行重視に対する議会の住民目線重視。執行機関は数値目標や首長のマニフェストを優先する。議会はそれらを無視するわけではないが、住民の目線を重視する。

　② 執行機関の縦割りの組織運営に対する議会の合議制（多様性）の組織運営。執行機関は、組織原則として官僚制を採用し縦割り行政となる。合議体である議会は、さまざまな角度から地域を観察・調査し提言できる。

　③ 執行機関の補助機関（職員組織）の膨大さや財源の多さに対する議会の資源の少なさ。議会の資源は、執行機関と比べた場合、大幅に劣っている。

補章　議会・議員の魅力向上のための手法

　こうした議会の三つの特性を踏まえれば、議会からの政策サイクルは総合性の視点からのものとなる。執行機関のようにすべてにかかわる包括性は困難である。そこで、議会は、具体的には総合計画と「ニッチ」分野にかかわる必要がある。前者は全体にかかわる重要なテーマであり、多様性を有する議会が得意とする分野でもある。また、後者は縦割り行政の弊害を打開できる議会の特性を発揮できる。

「議会からの政策サイクル」の展開

　議会からの政策サイクルと類似した「議会からの政策形成サイクル」という名称が広がっている。会津若松市議会が提起した名称である（現在は「政策サイクル」と併用）。住民からの要望を踏まえた議会からの提案を強調するためであった。その意義は認めつつも、政策過程全体にかかわる議会、より正確にいえば監視・評価を踏まえた政策提言、それらの軸となる総合計画にかかわる議会の役割について考えよう。

⑴　議会からの政策「形成」

　住民の意見・要望等を踏まえて議会として政策提言することは必要であり、その実践はさまざまに試みられている。委員会（政策討論会分科会等）による所管事務調査等という手法が活用される。議員任期4年を意識したテーマもあれば、その都度重要テーマを取り上げるものもある。

　①任期4年という通任期を意識したテーマの設定（ミッションロードマップ等）。会津若松市議会は、選挙後すぐに住民との意見交換会を行い、それに基づき調査研究テーマを設定して、任期終了までに政策提言を行っている（09年から既に2回のサイクルが回っている）。議会による政策提言の実施の監視

133

も行っている。住民の意見を起点にする意味には、会津若松市議会や長野県飯田市議会のように、議会報告会・住民との意見交換会で提出された意見を政策課題とすることだけではなく、長野県飯綱町議会のように、議会側からテーマを設定し住民と協働で議論すること（政策サポーター制度）を含んでいる。

『議会白書』等でその成果は発表されているが、大津市議会では、より可視化を重視して「ミッションロードマップ」（4年間の目標・工程表）を策定して実践している（15年9月）。そこには議会改革のほか、政策提言（立案）として主に条例の制定があげられている（がん対策推進基本条例、土地利用基本条例、交通基本条例）。

②その都度テーマを設定した調査研究・提言。住民との意見交換会において提出された意見、また請願・陳情の採択を踏まえてテーマを設定して調査研究、提言を行う。議会として提言を行うがゆえに、それに基づいた事業の監視・評価も効果的なものとなる。

⑵　政策過程全体にかかわる——評価・監視を踏まえた形成へ

飯田市議会は、総合計画に責任を持つ視点から決算審査を重視している。その充実のために議会による行政評価を行っている。まず6月定例会において、委員会で検討する行政評価項目（事務事業・施策の混合）を設定し（一常任委員会当たり20項目程度）、調査を行い、8月下旬に委員が持ち寄った評価を踏まえて、討議を行い委員会としての評価を行う。この評価を参考に、9月定例会において決算審査・認定を行う。その結果を次年度の予算要望につなげ予算審議に活かす。

会津若松市議会は、同様の視点から、予算決算委員会の政策サイクルを創り出した（注2）。決算審査を充実させるために、決算審査準備を行う（主に6月定例会以降）。住民との意見交換会における要望・意見、議員活動・会派活動で

のヒアリング、執行機関の行政評価、そして総合計画策定時に議論した論点等を踏まえて、決算審査で審議すべき論点を事前に提示する。

論点は「政策のたまご」として位置づけられる。その際、議会として「執行機関とは異なる視点から住民ニーズをキャッチアップ」することを目指し、政策・施策を評価する。

同様に、予算審査を充実させるために、予算審査準備を行う（主に12月定例会以降）。その際、議会として「執行機関と異なり、執行を前提とした思考ではなく、『そもそも住民の福祉のためには』との思考で立案」することを重視する。準備は「政策のインキュベート」であり、それを踏まえて議会からの政策形成が充実する。政策・施策をゼロベースで考えること、議会としての対案を持つことを意識する。そのため、住民の意見を念頭に予算審議が行われる。

審議を充実させるために、決算、予算ごとに抽出論点表が作成されている。施策評価表を念頭におくとよい。次の論点・要点が明記されていることに注意してほしい。準備会で議論した「質疑によって明らかにすべき事項」や「基本施策に対する評価等（委員間討議での合意点）」「備考（決議等、要望的意見の要点）」である。これらは充実した審議を行うためである。

⑶　総合計画にかかわる議会——策定や評価の重視

総合計画を地域経営の軸とみなして、総合計画策定にあたって提言する議会も増加してきた（注3）。会津若松市議会は、予算決算審議と同様に総合計画の審議を充実させるために、審議にあたって準備会を設置している。16年に審議・議決が行われた総合計画をめぐる議会のかかわりは次のようなものであった。

総合計画案が9月議会で提案されるが、まず、それ以前の5月に準備会を設置し、現在進行している総合計画についての評価を議会として行った。これを

踏まえて充実した審議を行うために、9月議会で特別委員会を設置。特別委員会は総合計画案を継続審議とし、閉会中も充実した審査を行い、12月議会で可決している（さらなる継続審査もスケジュールには入っていた）。

準備会では次期総合計画素案の審議ではなく、現行の総合計画の審議を行い、論点をまとめていることに留意してほしい。論点を議会として明確にして総合計画にかかわっていることから、その後の予算決算審議でも論点に基づき充実した審議ができるし、動いている総合計画本体の改正も視野に入れることができる。

「議会からの政策サイクル」の課題

議会からの政策サイクルの作動を踏まえて、さらに充実させるための課題を考えよう（注4）。

①地域経営におけるＰＤＤＣＡ

政策サイクルといえば、誰もがＰＤＣＡサイクルを思い浮かべる（Ｐ＝計画、Ｄ＝実践、Ｃ＝評価・検証、Ａ＝改善）。ＰＤＣＡサイクルは、人間行動でも組織行動でも当然意識されるべき手法であり、行政改革と同様に、議会改革でも活用できる。議会基本条例の条文を基準に、毎年、改革の進捗状況を評価しようという発想はその一つである。

とはいえ、地域経営においてはＰＤＣＡサイクルで軽視されていた討議（deliberation, debate, discussion）と決定（decision）という二つのＤを組み込むことが必要である。二つのＤを踏まえないＰＤＣＡサイクルの活用は、知らず知らずのうちに行政の論理が浸透する。このことは多くの議会に留意してほしい論点である。逆にいえば、新たに付け加えた二つのＤ（討議と議決）を担うの

は議会であり、それを軽視すると議会を行政改革の流れに包含させる。

　そろそろ、従来のPDCAサイクルを超えたPDDDCAサイクルという新たな発想と手法の開発が地域経営に必要になっている。

②委員会の充実強化

　議会からの政策サイクルの乗り物（vehicle）として委員会があげられる。委員会の数や所管事項（数や財政規模）を再検討してほしい。委員会とは別に、政策討論会分科会を設置した会津若松市議会でも、委員会の数や所管事項の再検討が始まった（議会運営委員会、16年度より）。所管事項の偏りが検討の理由であった。

　委員会の充実強化は重要だが、行政の縦割りが「再生産」される危険性などの課題はある。その是正にあたっては、連合審査の充実や、委員会による審議の中間報告会、視察報告会などが必要である（注5）。

③政策サイクルの評価

　ここで提案する「評価」とは、行政に対する評価ではない。「議会からの政策サイクル」そのものの、つまりその作動による住民福祉の向上に対する評価である。議会改革の評価では、議会基本条例の条文を評価項目とすることができるが、議会からの政策サイクルによる作動が住民福祉の向上にどのように役立ったかという評価は、研究の途上にあるといってよい。

　満足度調査は可能だが、その都度、あるいはテーマごとの調査を連続的に行うことは、現実的ではない。まずは、『議会白書』の刊行等による自己評価から出発したい。もちろん、条例制定を目標とすれば「可視化」は容易である。しかし、政策はそれだけではない。条例や予算・決算への審議、決議・意見書に議会としてどうかかわったかなどが必要になる。

137

それ以外に議会（だより）モニターの設置も必要だ。なお、専門家による評価の必要性が指摘されるが、住民福祉の向上に寄与しているかどうかを判定するのは不可能といえないまでも困難である。専門家の役割は、全国の他の議会と比較しながら、住民福祉の向上にかかわる当該議会の位置を確認することになる。

はじめの一歩

　議会からの政策サイクルの展開と課題を検討してきた。これらはいわば議会改革の最先端の動向である。いきなりすべてを実践しようと言われると多くの議会は戸惑うだろう。そこで、「はじめの一歩」を考えたい。これは、前泊美紀・那覇市議会議員の発言である。彼女は、「はじめの一歩」は総合計画策定にかかわること、及び研修だという。おそらく、「はじめの一歩」は議会の個性によって多種多様である。

　選挙があろうとも、また総合計画策定時期が異なろうとも、毎年ルーティンで行われる財政過程を対象に議会からの政策サイクルを作動させることを「はじめの一歩」として提案したい（注6）。条例制定とともに、予算・決算はまさに「地域経営の本丸」だからである。

　そして1年間（あるいは任期4年間）の議会活動スケジュールを作成する。その際、重要なのは決算審査の充実が予算審議の充実に連動することである。さらに住民の要望・意見を踏まえること、議員間討議が不可欠であること、それらを踏まえて首長等と財政問題で政策競争することが求められる。財政問題をめぐって議会からの政策サイクルを作動させ、その経験を蓄積させていく。

　議会からの政策サイクルは各地で展開されている。それぞれの議会は、先行事例を参考に独自の道を想像・創造してほしい。

補章　議会・議員の魅力向上のための手法

注1　詳細は、江藤俊昭『議会改革の第2ステージ──信頼される議会づくりへ』ぎょうせい、2016年、同編著『自治体議会の政策サイクル』公人の友社、2016年、参照。

注2　その乗り物・制度として、予算審査決算審査準備会が設置されている。決算案、予算案が提出される前の決算審査、予算審査は「事前審査」になると考えているためである。詳細は会津若松市議会HP（http://www.city.aizuwakamatsu.fukushima.jp/bunya/shigikai/）参照。

注3　栗山町議会、岐阜県高山市議会、同多治見市議会、長崎県小値賀町議会、京都府精華町議会などの取り組みを想定するとよい。精華町議会（全国町村議会議長会特別表彰）以外の議会はマニフェスト大賞を受賞している。

注4　議会からの政策サイクルの「議会」は全会一致をイメージしやすいが、政治であるがゆえに、そうならない場合がある。全会一致原則か（岐阜県可児市議会など）、特別多数（予算要望にあたって3分の2原則、兵庫県西脇市議会など）など多様である。「議会から」を強調しつつも、合議が少数派の締め出しにつながる熟議民主主義に対する批判もある。

注5　委員会の所管事項の検討にあたって、執行機関の組織編成に関心を持つことも重要である。首長直下の内部組織の設置と所管事務については条例事項だからである（自治法158①）。また、閉会中の委員会の活動について、限定的に扱う自治法の条文の解釈変更や改正も必要である（自治法109⑧）。

注6　「はじめの一歩」として財政過程へのかかわりを、川上文浩・岐阜県可児市議会議会改革特別委員会委員長は「地方議会における政策サイクルと評価モデル研究会」2016年度（顧問・北川正恭氏、座長・江藤俊昭、事務局・公益財団法人日本生産性本部）において提案した。本章はその研究会の成果の一部である。公益財団法人日本生産性本部編集・発行『地方議会における政策サイクルと評価モデル研究会　報告書』2019年、参照。

むすび

　議員のなり手不足を「ならない」（議会・議員の魅力欠如、条件の悪さ）と「なれない」（地域力の衰退、法律の拘束）という２つの要因から探り、その解消の道を模索してきた。解消の起点は、議会・議員の魅力創造である。そこで、その魅力が問われる。本著でも指摘しているが、地域における議会・議員の有用性を住民が認識し、みずからもその隊列に参加したいと思う気持ちの醸成といってよい。

　その有用性とは、議会による「住民福祉の向上」にある。これには議会からの政策サイクルの実践が有用である。そのために、補章として「議会からの政策サイクル」の論稿を加えた。参考にしていただきたい。

　また、何度も指摘しているが、低い議員報酬額はなり手不足の要因の１つではあるが、議員報酬増額だけでその解消に直結するわけではない。議会・議員の魅力が欠如していれば、住民は立候補などしない。魅力につながる活動をすることが、地域の衰退を緩和し、それを認識した住民は報酬増額などの条件整備にも賛同する。ようするに、報酬増額はなり手不足解消にすぐには直結しない。議会活動を住民とともに考える中で報酬額を確定することが必要である。住民には「住民自治の根幹」としての議会を作動させるための活動や報酬額を他人事としてではなく考え提案する責務がある。

＊＊＊

　なり手不足と関連あるいくつかの課題の解明が残っている。①地域では議員のなり手不足だけではなく、さまざまな職業もなり手不足である。地域の衰

退との関連を解明する必要がある。②投票率の低下と民主主義との関連の解明である。たしかに、投票率は長期低落下減少である。選挙は民主主義にとって不可欠ではあるが、投票率の最適水準や、その根拠を明確にしなければならない。③無投票でなくとも、競争率（定数に対する立候補者数）が低いことの評価である（町村議会、1.1（たとえば、定数10人に立候補者数が11人）、2015年統一地方選挙）。これとの関連で、地域での「ムラの平和」（波風をたてたくない）を重視する意味の解明も必要である。④議員の固定化の評価である。多様化は民主主義の前提だと指摘した。それは重要だとしても、小規模自治体で若年・壮年層は地域活動を積極的にしかも中心的に行っている。この層が議員になれば議員活動にその時間が費やされ、地域活動の支障になる。高齢者の議員であっても若年・壮年層や地域のための活動を行うことも期待されている。この整合的な理解も必要である。⑤本著でも示唆しているが、議員報酬額（および首長給与）の自治体間の相違の根拠の解明も必要だろう。町村議会議員約21万円、市議会議員約40万円、都道府県議会議員約80万円である。政務活動費支給条例制定は、町村の場合、約2割しかない。均一に下げるという発想ではなく、根拠の解明、より正確にいえば底上げの理論づけが必要だろう。

　これらの課題は別途調査しながら提案したい。

＊＊＊

　本著を緊急出版する。なり手不足をめぐって同様な質問を多くのマスコミからも議会・議員からも受けていた。また、町村議会議員の議員報酬等のあり方検討委員会（全国町村議会議長会、『町村議会議員の議員報酬等のあり方　最終報告』2019年3月）、町村議会のあり方に関する研究会（総務省、『町村議会のあり方に関する研究会　報告書』2018年3月）にかかわり、なり手不足問題を常に意識していた。そして、なり手不足問題の要因やその解消の方向を示した論稿をいくつか発表していた。

ちょうどその頃、武内英晴・公人の友社社長に献本のお礼の電話をした際に、「なり手不足問題をまとめてみたい」と希望を述べたところ、「やりましょう！臨戦態勢で」といってくださった。そこで、刊行したのが本著である。重複部分は削除したものの、総論と各論の関係で残している部分もある。「くどい」と感じる読者もいらっしゃると思われるが、ご容赦願いたい。2019年には統一地方選挙がある。その結果をみてからとも考えたが、データがそろうのを待てば、数ヶ月先になる。そこで、決断することになった。

　データは原則執筆当時のデータである。現時点の最新データは、総務省「選挙結果調べ」http://www.soumu.go.jp/senkyo/senkyo_s/data/chihou/ichiran.html、総務省「地方公共団体の議会の議員及び長の所属党派別人員調」http://www.soumu.go.jp/senkyo/senkyo_s/data/syozoku/ichiran.html、全国市議会議長会「市議会の活動に関する実態調査結果」「市議会議員定数に関する調査結果」「市議会議員の属性に関する調」http://www.si-gichokai.jp/research/index.html、全国町村議会議長会「町村議会実態調査」http://www.nactva.gr.jp/html/research/index.html、などを参照していただきたい。また、総務省「町村議会のあり方に関する研究会　報告書」に対する現場からの批判についても（北海道浦幌町議会、長野県喬木村）、紹介したかったが、残念ながら掲載できなかった。

　なお、2つの資料を加えている。1つは、「町村議会議員の議員報酬等のあり方検討委員会」（全国町村議会議長会）『町村議会議員の議員報酬等のあり方 最終報告』（2019年3月）の「むすび」部分である。なり手不足の要因の1つとして低い報酬が上げられる。本著で強調しているように、議会・議員の魅力向上が基本であるが、報酬についても積極的に議論すべきときである。全体を読んでいただきたいが、結論部分の「むすび」を挿入した。もう1つは、総務省による「地方議会に関する地方自治法の解釈等について」（2018年4

月25日）である。兼業禁止規定（自治法96の2）のために、立候補を躊躇する住民もいる。解釈の明確化や緩和が必要であろう。総務省解釈だけが自治法解釈について妥当だという意味で紹介しているわけではない。その解釈とともに判例等を加味してそれぞれの自治体が解釈することになる。そのための素材として紹介する。

＊＊＊

　最後になりましたが、武内社長にはいつものようにご迷惑をおかけしました。感謝申し上げます。また、本著でも紹介していますが、なり手不足解消に努力している議会・議員には頭が下がります。皆様の努力によってなり手不足の解消に舵が切られることを期待しています。また、熱き想いの「突貫工事」によって刊行される本著が少しでもなり手不足の要因の解明とその解消につながることを祈念しています。

　　2019年3月16日
　　（卒業式の翌日の静寂としたキャンパスで）

　　　　　　　　　　　　　　　　　　　　　　　　　　　　　　江藤俊昭

資料1（議員報酬等についての考え方）

＊議会力アップをする上での議員報酬・定数などをまとめた町村議会議員の議員報酬等のあり方検討委員会（全国町村議会議長会）の『最終報告』が会長に手渡された（2019年3月）。本書とも関連があるので、資料として掲載する。なお、掲載するのは「むすび」（執筆江藤俊昭）部分のみである。他の部分も参照していただきたい。

町村議会議員の議員報酬等のあり方
最終報告（平成31年3月）
抜粋（むすび － 現状とさらなる改革の留意点）

町村議会議員の議員報酬等のあり方検討委員会

（1）報酬等をめぐる動向の確認

　本報告書では、報酬等の「等」には、報酬だけではなく、費用弁償や政務活動費とともに議員定数についても対象としている。

　本報告書では、それらの現状とそれらを考える上での論理（基準）を検討してきた。議会力アップの視点からである。報酬や定数をめぐる今日の動向は次の通りである。

①議員報酬を増額する自治体も広がってきた（特に第2章）。
②定数は、すでに減少傾向にあり、一度削減すれば戻せない（特に第6、7章）。
③議員報酬等は、議会力アップの条件であり、慎重に議論する必要がある。同時に、議員のなり手不足にもその削減は影響を与えている（特に第1、2章）。
④これらの議論には説明責任を伴い、住民と考えることが望ましい。

　本報告書で確認してきた報酬等について最後に再確認しておこう。
＜議員報酬の算定方式の再確認＞
　議員報酬の現状、議員にとっては低い報酬という意識、報酬の低さが議員のなり手不足と連動していること、そして、議会の新たな試みについて検討してきた。
議員報酬をめぐる考え方を再確認しておこう。

資料 1（議員報酬等についての考え方）

①議会活動は従来よりも多様化し活動量も増加している。それに適する報酬額が必要である。
②住民からは議会はみえない、したがって議員報酬（定数）削減の意識は強い。それに応える説明責任が求められている。
③報酬額と議員のなり手不足は連動している。（なお、報酬を増額すればなり手不足が解消するとはいえないこと、つまり議会・議員の魅力を示さない限り、報酬が増額しないし、なり手不足も解消できない）

こうした議員報酬をめぐる考え方を踏まえて、報酬額を確定する手順を暫定的ながら提示する。なお議員報酬額は、科学的に算定できるものではなく、あくまで説明責任を果たす素材を提供するためのものである。それに基づき住民に説明し議会・議員活動の理解を広げることも目的の重要な1つである。また、特別職報酬等審議会委員に対しての説明の素材にもなる。したがって、報酬額算定にあたっての手順を提示することが重要と考えている。

【議員報酬算定にあたっての手順】
【手順1】現行の活動か、あるいは期待値（空想ではない）を含めたものかを確定する。
【手順2】1年間の議員活動日数を算定するために、全議員を対象とするか、抽出とするかを確定する。
【手順3】議会活動として活動する日数の算出については、基準を明確にする（表に現れる活動）。
　　　　　①議員活動の範囲の確定。本会議・委員会等の正式な会議のほか、どこまで会議を広げるか。
　　　　　②議員派遣・視察等の会議ではない議会活動を確定する。
　　　　　③それらを時間から日数を割り出し詳細に算出するか、活動時間は考慮せず活動した日数を目安に約で（アバウトに）算出するか、項目では視察の交通時間をカウントすべきかしないのか、あるいは半分でカウントするか等。
【手順4】議案の精読、住民との接触等の個々の議員・会派で行う活動の範囲と算定にあたっての基準を明確にする（表に現れない活動）。
　　　　　①この日数を半数でカウントするか（浦幌方式）、全部か、あるいはカウントしないか。
　　　　　②政党活動・選挙活動は対象外であるが、重なる部分のカウントの仕方（カウントしないか、按分か）。
【手順5】議員活動日数と首長活動日数・給与との比較から議員報酬を算定する（首長、副首長及び教育長の平均を採用する自治体もある）。
　　　　　①上記の総計を算出。
　　　　　②首長給与及びその年間の活動日数の比較から議員報酬を算出する。

＜定数の再確認＞
　議員定数は、一度削減すれば増加は不可能に近いことを踏まえて、定数議論は慎重に、より正確にいえば新たな議会を創出するための定数議論をすべきである。
【原則1】討議できる人数として一常任委員会につき少なくとも7、8人を定数基準としたい（予算決算等の常任委員会、広報広聴等の常任委員会等は除く）。これに委員会数を乗ずる数が定数となる。議論できる人数として6人は下らないのではないだろうか。
【原則2】いくつかの留意点を確認する。委員会数の確定、常任委員会の複数所属は慎重に、面積要件の加味を、定数が少ない議会では住民参加によって議会力の充実、議長のカウントの仕方、といった論点について議論する必要がある。
　　　　こうした状況を念頭におき、議会力アップのための報酬等を検討してきた。ぜひそれぞれの自治体で本報告書が提起する報酬等の基準を参考に再検討していただきたい。その上で、それを確実にし、進める上での留意点を確認しておこう。

（2）報酬・定数の審議の作法
①報酬をめぐる審議の作法
　報酬の条例案提出者について確認する。最終的には、議会が議決するがゆえに、どこからでも、提出可能である（議員・委員会、首長、住民（正確には首長が意見を付して提出））。とはいえ、議会運営にかかわる事項である。
　報酬については、特別職報酬等審議会の答申を経る自治体が多い。それは、自治省の通達を踏まえて、設置されている。報酬が議会によって増額される「お手盛り」への批判からのものである。
　審議会委員の選任にあたっては、その妥当性、いわば説明責任が問われる。一度も議会を傍聴したこともない者が、あるいは議員と真摯に議論をしたこともない者が選任されることは滑稽である。
　当然提出は、原則首長からの提案となる。審議会答申を経た提出となるからである。その場合、議会は審議会委員の選任の妥当性を問うとともに、それらの委員と意見交換等を行う必要がある。なお、首長と議会とが融合する場合は、報酬等を増額しやすいが、住民からは不透明の批判を浴びる。十分注意したい論点である。
　報酬額の変更には審議会を経ることになっていたために、首長が変更に意欲的な場合のみ審議される（副首長等の特別職の給与・報酬と連動して審議される場合もある）。そこで、定期的な見直しも必要である。たとえば、少なくとも2年毎に見直しを義務づける条文を審議会設置条例に規定することも必要である。

②定数をめぐる審議の作法
　定数については、議会運営と密接にかかわるので、原則議員・委員会提案となる。「原則」と記しているのは、住民による議員定数条例改正案が提出され、首長提案となる場合があるからである。前者の場合は、議会として専門的知見の活用、参考人制度の活用、あるいは住民との意見交換を経ることが望ましい。後者の場合も、議会として積極的に

資料 1（議員報酬等についての考え方）

同様のプロセスを経ることが望ましい。

　原則議会側からの提案だと思われるが、住民の直接請求を経ずに首長側からの定数条例改正案が提出されることもある。自治法上禁止されているわけではないし、住民自治にかかわる事項だからである。その際にも、すでに指摘した同様のプロセスを経ることが望ましい。

　なお、住民投票については慎重に扱うべきである。より正確にいえば、定数（そして報酬等）を単独のテーマとして住民投票を行うべきではない。定数削減をめぐって住民投票が行われたこともある（山陽小野田市、2013 年 4 月 7 日）。定数は、議会運営上きわめて重要である。そこで、議会基本条例に定数を明記して住民投票を行うならば理解できる。また、自治基本条例に定数等を含めた多数の議会条文を規定し住民投票を行うならば理解できる。しかし、定数（報酬も同様）だけを切り離して住民投票を行うことは、住民自治全体を考えない断片的志向を蔓延させる。

（3）議会力アップが行財政改革を進める視点を

　行政改革の論理（効率性重視）と議会改革の論理（地域民主主義実現）はまったく異なることを繰り返し強調してきた。とはいえ、行政改革の論理が議会改革の論理に浸透してきたのは事実である。財政危機の時代（平成の大合併の時代と重なる）、議員報酬・定数の大幅な削減に向かっていた。財政危機の時代に、住民にも職員にも「痛み」を伴うのだから、議員にもという論理であった。

　議員は、住民や職員の「痛み」を痛切に感じることは必要だろう。それらの「痛み」に共感することは必要であるとしても、それが報酬・定数削減に結びつくとは限らない。むしろ、報酬・定数を維持・増加することにより議会力アップをはかることで、行政改革を推進することも想定できる。住民や職員の「痛み」を防ぐ役割を議会・議員は担うことを宣言することもできる。「痛み」の共感は必要だとしても、報酬・定数の削減によってその役割を放棄することは本末転倒である。
議会改革を推進することこそが行政改革を推進することになる視点を再確認したい。

（4）恒常的な夜間・休日議会の限界

　会期中の 1 日のみ一般質問等を行うといったような議会開催するイベントとしての夜間・休日議会は広がっている。研究者の中には恒常的な夜間・休日議会開催を提案している者も少なくはない。それによって、多様な住民が議員になれるという理由からである。たしかに、多様な住民が政治行政にかかわるだけではなく、議員となることは地域民主主義にとって重要である。抽選制により議員を選出することは理念としてはありうるとしても実際には困難である。

　同様に、恒常的な夜間・休日議会についても慎重な議論が必要である。

　1 つは、日本の自治体は膨大な活動量があり、したがって議会の責任は重い。議会がその役割を担うためには、日常的な議会・議員活動が不可欠である。会期中に議会に出席することだけが、議会・議員活動ではない。閉会中にも議会・議員活動がある。そのための条件を整備する必要がある。

147

もう1つは、地域を担う住民にとって夜間・休日議会は適合的かどうかも慎重な議論が必要である。地域を担う住民は地域活動を担っている。第一線で地域活動をしている住民にとって夜間・休日はその活動時間・活動日である。地域活動はこうした時間帯に活動することが多い。

　若年・中年層は仕事と地域活動に目一杯である。その上で、議員活動を加味することは困難である。こうした若年・中年層の住民が議員になり夜間・休日が議員活動に費やされれば地域活動が衰退する可能性がある。地域活動は属人的だからである。若年・中年層の地域活動を衰退させないとすれば、どうしても高齢者の役割が重要となる。

　地域のことを考え行動する高齢者議員である。本報告書の立場は多様な議員の創出を目指している。とはいえ、地域によっては地域を担う高齢者議員の役割を再評価することも必要である。

　ただし、高齢者議員ではやはり夜間・休日での議会・議員活動は困難である。こうした文脈での恒常的な夜間・休日議会の慎重な検討が必要である。

(5) 育児手当・若者手当等をめぐる論点（不利益を補てんする所得損失手当、世話手当（仮称）の創設）

　いくつからの議会から議員のなり手確保をめぐって育児手当・若者手当の制度化が提案されている（北海道浦幌町議会等）。また、全国町村会議会議長会では「期末手当のほか、例えば子育て世代への手当として、育児手当等の支給を可能とすること」が要望されている（資料：議会の機能強化及び議員のなり手確保に関する重点要望3参照）。たとえば例示されている育児手当を含めて、次の手当も想定したい。議員活動による不利益を補てんする視点から、条例に基づき次の手当の支給を可能とする地方自治法改正が必要である。

　①所得損失手当（所得損失補てん手当）：議員が職務遂行に際して生じる収入源の補てん。

　地方議員が正当な報酬を受け取ることはいうまでもない。同時に、事業所等で就労している議員が、休暇取得等により所得損失を被る場合がある。その損失を補てんする手当の創設が必要である。

　条例に基づき、支給する制度である。日割り計算によって数値化は可能である。なお、上限を設定するなどの考慮は必要である。

　留意点として、次の事項を考慮する必要がある。事業所に勤務するいわゆるサラリーマンが対象となる。個人あるいは家族経営の自営業者や農林漁業者は、所得損失が明確な場合は、対象を広げる必要がある。また、非常勤で就業している者への配慮も必要である。

　また、議員報酬とともに、給与等を別に受け取ることについて「二重取り」という意見もでるかもしれない。現在の報酬では生活するにはあまりにも少ない報酬であり、報酬額を上げることは重要であるとしても、生活できる水準にまで一気に増額することは困難である。いままで議員になっていない若年・中年層の拡大を狙う制度である。兼業

資料 1（議員報酬等についての考え方）

は従来も行われていた（自営業や農林水産業）。その層を広げる制度でもある。

＊議員に立候補する場合には、「公民権行使の保障」（労働基準法第 7 条）により、解雇や降格の処分は禁止されている。
＊「議員活動に要する時間が著しく長期にわたる場合などについては、現行法制上、解雇や降格などの処分をすることは必ずしも禁止されないと解されている」。そこで、「議員活動に係る休暇の取得等を理由とした使用者による不利益な取扱いを禁止することが考えられるが、企業側の負担にも配慮した検討が必要である」1。
所得損失手当は、こうした状況を踏まえ、企業側の負担を考慮し、議員活動による休暇が長期に及ぶ場合などの賃金カットを補てんする制度である。
1 総務省「町村議会のあり方に関する研究会」2018 年、15 頁。なお、不利益取り扱いが禁止されている裁判員活動の平均職務従事日数が約 7 日程度であり、これとの均衡への配慮も指摘されている。

②世話手当（子ども手当・介護手当）：通常ならば議員が行う子供や扶養家族の世話を外部に委託する場合の経費の補てん。
　議員活動を行うことによって、子どもや扶養家族の世話を外部に委託する場合の経費を補てんする手当を創設する。
　子育て世代だけではなく、介護を主体的に行っている世代からも議員になることを奨励する制度である。具体的には、ベビーシッター経費、介護経費（たとえば介護サービス使用料）などの補てんである。
　現状では、子育てや介護は、女性に大きな負担がかかっている場合が多い。このことを考慮すれば、女性議員を増加させる施策でもある。
留意点として、上限を設けることは合理的である。

（6）議員のなり手不足と報酬・定数
①議員のなり手不足と議員報酬
　議員のなり手不足が深刻になっている。町村議会の無投票当選率は20％を超えている。報酬の低さ・削減はなり手不足問題を増幅させる（第 2 章参照）。町村議会議長の認識でも「議員のなり手不足は議員報酬が影響している」と「思う」29.7％「どちらかといえば思う」38.7％と全体で68.4％となっている。実際、17.6 万円未満では無投票当選率が高まる。報酬増も考慮すべきである。

②議員のなり手不足と議員定数
　議員のなり手不足が深刻だから、定数削減をしようとする論理がある。町村議会の平均議員数が減少しているにもかかわらず、無投票当選者の割合が高まっている（表 1 参照）。削減によってなり手不足の解消が行われるわけではないといった傾向が読み取れる（報告書第 1 章、第 2 章参照）。

149

表1　統一地方選挙における改選町村議会の平均議員定数と無投票当選者割合との関係

	2007 年	2011 年	2015 年
平均議員定数	12.6	11.8	11.5
無投票当選者割合	13.2	20.2	21.8

③議員のなり手不足の要因と議会・議員の魅力創出

　このように考えれば、議員報酬や定数の削減はなり手不足問題を増幅させる。ただし、報酬増や定数増によってなり手不足問題が解消されるわけではない。そもそも、議員のなり手不足には、「ならない要因」と「なれない要因」がある。

・「ならない要因」：議会・議員の魅力の減退、条件の悪さ（低い報酬等）
・「なれない要因」：地域力の低下（選挙時にいわゆる「みこしに乗る人」も「みこしを担ぐ人」も少なくなる）、法律の規制の強さ（兼業禁止（自治法92の2））

　報酬は条件の中心的なものである。とはいえ、報酬増をして条件がよくても議会・議員の魅力が住民に伝わらなければ立候補者は増えない。また、条件を整備するには住民に納得してもらうような議会改革を進めることが必要であり、それは議会・議員の魅力向上につながる。報酬などの条件を整備するためにも議会改革を推進する必要がある。また、仮に定数増をして「みこしに乗る人」「みこしを担ぐ人」が増え活発に活動できる条件が整備されたとしても、魅力がなければ「みこしに乗る人」は立候補には至らずなり手不足問題は解消しない。

　住民自治を進める議会改革を報酬・定数等と連動させること、より正確にいえば議会改革の中にその不可欠な条件として報酬・定数を組み込むことが必要である。

資料2（請負に関する総務省解釈について）

　兼業禁止規定（自治法96の2）の解釈の明確化と緩和がいくつかの議会から要請されている。そこで、これに関する資料（総務省解釈）について、介したい。なお、今回紹介するのは現行法の解釈であって緩和ではない。また、総務省解釈だけが自治法の解釈について妥当だという意味で紹介しているわけではない。その解釈とともに判例等を加味してそれぞれの自治体が解釈することになる。

　なお、筆者は緩和について①首長等との均衡（自治法142、施行令122）、②非営利法人は除外、③個人と法人の均衡、などについて早急に検討を加えるべきだと考えている。同時に、自治法制定時には兼業禁止規定が挿入されていない理由（競争入札、議員の多様性、除斥制度等）についても考慮し、自治体ごとの自由裁量に委ねること（条例委任）も検討すべきだと考えている。これらについては別途検討したい。

表　兼業禁止規定（自治法96の2）の総務省解釈（筆者作成）

請負（自治法96の2）に該当しない事項	根拠
法令等の規制があるため当事者が自由に内容を定めることができない取引契約	96条の2の請負は、ひろく業務としてなされる経済的又は営利的な取引契約含む一方、一定期間にわたる継続的な取引関係に立つものに限られる
継続性がない単なる一取引をなすに止まる取引契約	
議員又は議員が無限責任社員等を務める企業等が、当該地方公共団体から自治法第232条の2の規定による補助金の交付	贈与に類するものであり、特段の事情がある場合を除き、当該地方公共団体と営利的な取引関係に立つものではないため、自治法第92条の2殿の請負に該当するものではない
自治法第244条の2第3項の規定による指定管理者の指定を受けること	特段の事情がある場合を除き、当該地方公共団体と営利的な取引関係に立つものではないため、自治法第92条の2の請負に該当するものではない

総 行 行 第 ９ ４ 号
平成３０年４月２５日

各都道府県総務部長
各都道府県議会事務局長
各指定都市総務局長
各指定都市議会事務局長

殿

総務省自治行政局行政課長
（ 公 印 省 略 ）

地方議会に関する地方自治法の解釈等について

　地方議会に関する地方自治法（昭和22年法律第67号）の解釈等について問い
合わせ等がありましたので、参考のため次のとおりお知らせします。
　各都道府県総務部長におかれましては、貴都道府県内の市区町村（指定都市
を除く。）の長及び議会の議長に対しても、本通知の周知をよろしくお願いし
ます。
　なお、地域の元気創造プラットフォームにおける調査・照会システムを通じ
て、各市区町村に対して、本通知についての情報提供を行っていること、及び
本通知は地方自治法第245条の４第１項に基づく技術的な助言であることを申
し添えます。

１　地方自治法第92条の２等の解釈について
　　地方自治法第92条の２の規定により、議員は、当該地方公共団体に対し請
　負をする者等たることはできないこととされています。これは、議会運営の
　公正を保障するとともに、事務執行の適正を確保することを趣旨とするもの
　です。
　　同条の請負は、ひろく業務としてなされる経済的又は営利的な取引契約を
　含む一方、一定期間にわたる継続的な取引関係に立つものに限られると解さ
　れます。したがって、法令等の規制があるため当事者が自由に内容を定める
　ことができない取引契約や、継続性がない単なる一取引をなすに止まる取引
　契約は、同条の請負に該当するものではないと解されます。
　　また、議員又は議員が無限責任社員等を務める企業等が、当該地方公共団
　体から同法第232条の２の規定による補助金の交付又は同法第244条の２第３
　項の規定による指定管理者の指定を受けることについては、前者は贈与に類
　するものであり、後者は議会の議決を経た上で地方公共団体に代わって公の
　施設の管理を行うものであり、特段の事情がある場合を除き、いずれも当該
　地方公共団体と営利的な取引関係に立つものではないため、同法第92条の２

　　　　　　　　　　　　　　　　　　資料2（請負に関する総務省解釈について）

の請負に該当するものではないと解されます。

　なお、以上の解釈については、同法第142条、第180条の5第6項及び第252条の28第3項第11号の請負についても同様です。

2　地方自治法第123条に係る取組について

　地方自治法第123条の規定により、地方議会は書面又は電磁的記録をもって会議録を作成しなくてはならないこととされています。これは、住民の求めに応じて閲覧させることなどにより、議事公開の原則を全うすることを趣旨とするものです。

　議会活動の透明性向上の観点から、会議録については、速やかに作成するとともに、住民が閲覧しやすい環境に置くことが重要と考えられます。音声認識技術の活用により会議録作成に係る作業の効率化が図られている事例等も参考にしつつ、会議録のホームページ上での公開等に積極的に取り組んでいただくようお願いします。

153

【初出一覧】

（大幅に加筆修正している。なお、文中の肩書きは執筆当時のものである。）

はじめに　書き下ろし

第1章　「信頼され、魅力ある議会の創造―― 住民自治の推進、そして議員の
　　　　なり手不足の解消の正攻法」『ガバナンス』2018年5月号

第2章　「魅力ある議会の創造こそが『解消』の正攻法」『地方議会人』2017
　　　　年11月号、「連載　自治体議会学のススメ」『ガバナンス』2017年9月号
　　　　〜2018年2月号

第3章　「問われる議員定数・報酬――住民自治の進化・深化の視点から考える」
　　　　『地方議会人』2016年5月号、「連載　自治体議会学のススメ」『ガバナンス』
　　　　2017年3月号〜6月号

第4章　「住民総会による議会廃止（の検討）から住民自治を考える」『地方
　　　　議会人』2017年10月号、「連載　自治体議会学のススメ」『ガバナンス』
　　　　2017年7月号、8月号

第5章　「『新たな2つの議会』提案の衝撃」『地方議会人』2018年5月号

補章　「議会からの政策サイクルによる住民福祉の向上――議会改革の本史の
　　　　第2ステージ」『ガバナンス』2017年5月号

むすび　書き下ろし

資料　全国町村議会議員の議員報酬等のあり方検討委員会（全国町村議会議長
　　　　会）『町村議会議員の議員報酬等のあり方　最終報告』2019年3月の「むすび」
　　　　部分（江藤俊昭執筆）

執筆者略歴

江藤　俊昭（えとう・としあき）

山梨学院大学法学部教授

1956年東京都生まれ。中央大学大学院法学研究科博士後期課程満期退学。博士（政治学）。マニフェスト大賞審査委員等。第29次・第30次地方制度調査会委員、町村議会のあり方に関する研究会（総務省）構成員、議員報酬等のあり方に関する研究会（全国町村議会議長会）委員長等を歴任。著書に『議会改革の第2ステージ——信頼される議会づくりへ』『自治体議会学』（以上、ぎょうせい）、『地方議会改革』『図解　地方議会改革』（以上、学陽書房）、『討議する議会』（公人の友社）、『自治を担う議会改革』（イマジン出版）、編著に『自治体議会の政策サイクル』（公人の友社）、『Ｑ＆Ａ地方議会改革の最前線』（学陽書房）、『議会基本条例　栗山町議会の挑戦』（中央文化社）など。

E-mail:teto0717@gmail.com
　　　　:teto0717@yahoo.co.jp

議員のなり手不足問題の深刻化を乗り越えて
〈地域と地域民主主義〉の危機脱却手法

2019 年 4 月 20 日　初版発行

　著　者　　江藤俊昭
　発行人　　武内英晴
　発行所　　公人の友社
　　　　　　〒 112-0002　東京都文京区小石川 5-26-8
　　　　　　TEL 03-3811-5701　FAX 03-3811-5795
　　　　　　e-mail: info@koujinnotomo.com
　　　　　　http://koujinnotomo.com/
　印刷所　　倉敷印刷株式会社

ISBN978-4-87555-826-2

出版図書目録

● ご注文はお近くの書店へ
小社の本は、書店で取り寄せることができます。

● ＊印は〈残部僅少〉です。
品切れの場合はご容赦ください。

● 直接注文の場合は
電話・FAX・メールでお申し込み下さい。
（送料は実費、価格は本体価格）

[単行本]

フィンランドを世界一に導いた100の社会改革
編著 イルカ・タイパレ 訳 山田眞知子
2,800円

公共経営学入門
編著 ポーベル・ラフラー
訳 みえガバナンス研究会
監修 稲澤克祐、紀平美智子 2,500円

変えよう地方議会
～3・11後の自治に向けて
編著 河北新報社編集局 2,000円

自治体職員研修の法構造
田中孝男 2,800円

自治基本条例は活きているか?!
～ニセコ町まちづくり基本条例の10年
編 木佐茂男・片山健也・名塚昭 2,000円

国立景観訴訟～自治が裁かれる
編著 五十嵐敬喜・上原公子 2,800円

成熟と洗練～日本再構築ノート
松下圭一 2,500円

地方自治制度「再編論議」の深層
監修 木佐茂男
青山彰久・国分高史 1,500円

韓国における地方分権改革の分析～弱い大統領と地域主義の政治経済学
尹誠國 1,400円

自治体国際政策論
～自治体国際事務の理論と実践
楠本利夫 1,400円

自治体職員の「専門性」概念
～可視化による能力開発への展開
林奈生子 3,500円

アニメの像VS.アートプロジェクト～まちとアートの関係史
竹田直樹 1,600円

NPOと行政の《協働》活動における「成果要因」
～成果へのプロセスをいかにマネジメントするか
矢代隆嗣 3,500円

おかいもの革命
消費者と流通販売者の相互学習型プラットホームによる低酸素型社会の創出
編著 おかいもの革命プロジェクト 2,000円

原発再稼動と自治体の選択
原発立地交付金の解剖
高寄昇三 2,200円

「地方創生」で地方消滅は阻止できるか
地方再生策と補助金改革
高寄昇三 2,400円

総合計画の新潮流
自治体経営を支えるトータル・システムの構築
監修・著 玉村雅敏
編集 日本生産性本部 2,400円

総合計画の理論と実務
行財政縮小時代の自治体戦略
編著 神原勝・大矢野修 3,400円

自治体の人事評価がよくわかる本
これからの人材マネジメントと人事評価
小堀喜康 1,400円

だれが地域を救えるのか
作られた「地方消滅」
島田恵司 1,700円

分権危惧論の検証
教育・都市計画・福祉を題材にして
編著 嶋田暁文・木佐茂男
著 青木栄一・野口和雄・沼尾波子 2,000円

地方自治の基礎概念
住民・住所・自治体をどうとらえるか
編著 嶋田暁文・阿部昌樹・木佐茂男
著 太田匡彦・金井利之・飯島淳子 2,600円

松下圭一＊私の仕事―著述目録
松下圭一 1,500円

地域創生への挑戦
住み続ける地域づくりの処方箋
監修・著 長瀬光市
著 縮小都市研究会 2,600円

自治体広報はプロシジョンの時代からコミュニケーションの時代へ
マーケティングの視点が自治体の行政広報を変える
鈴木勇紀 3,500円

「大大阪」時代を築いた男
評伝・関一（第7代目大阪市長）
大山勝男　2,600円

自治体議会の政策サイクル
議会改革を住民福祉の向上につなげるために
編著　江藤俊昭　2,600円

著　石堂一志・中道俊之・横山淳・西科純　2,300円

挽歌の宛先　祈りと震災
編著　河北新報社編集局　1,600円

新訂　自治体法務入門
編　田中孝男・木佐茂男　2,700円

政治倫理条例のすべて
クリーンな地方政治のために
斎藤文男　2,200円

福島インサイドストーリー
役場職員が見た避難と震災復興
編著　今井照・自治体政策研究会　2,400円

原発被災地の復興シナリオ・プランニング
編著　金井利之・今井照　2,200円

自治体の政策形成マネジメント入門
矢代隆嗣　2,700円

介護保険制度の強さと脆さ
2018年改正と問題点
編著　鏡諭　企画東京自治研究センター　2,600円

「質問力」でつくる政策議会
土山希美枝　2,500円

ひとり戸籍の幼児問題とマイノリティの人権に関する研究
稲垣陽子　3,700円

離島は寶島　沖縄の離島の耕作放棄地研究
斎藤正己　3,800円

「地方自治の責任部局」の研究
その存続メカニズムと軌跡（1947-2000）
谷本有美子　3,500円

「地方自治の責任部局」の研究
その存続メカニズムと軌跡（1947-2000）
谷本有美子　3,500円

自治体間における広域連携の研究
大阪湾フェニックス事業の成立継続要因
樋口浩一　3,000円

［地方自治ジャーナルブックレット］

No.26　東京都の「外形標準課税」はなぜ正当なのか
青木宗明・神田誠司　1,000円

No.27　少子高齢化社会における福祉のあり方
山梨学院大学行政研究センター　1,200円

No.29　交付税の解体と再編成
高寄昇三　1,000円

No.30　町村議会の活性化
高寄昇三　1,000円

No.31　地方分権と法定外税
外川伸一　800円

No.32　東京都銀行税判決と課税自主権
高寄昇三　1,200円

No.33　都市型社会と防衛論争
松下圭一　900円

No.34　中心市街地の活性化に向けて
山梨学院大学行政研究センター　1,200円

No.35　自治体企業会計導入の戦略
高寄昇三　1,100円

No.36　行政基本条例の理論と実際
神原勝・佐藤克廣・辻道雅宣　1,100円

No.37　市民文化と自治体文化戦略
松下圭一　800円

No.38　まちづくりの新たな潮流
山梨学院大学行政研究センター　1,200円

No.39　ディスカッション三重の改革
中村征之・大森弥　1,200円

No.41　市民自治の制度開発の課題
山梨学院大学行政研究センター　1,200円

No.42　《改訂版》自治体破たん・「夕張ショック」の本質
橋本行史　1,200円

No.43　地方財政健全化法で財政破綻は阻止できるか
高寄昇三　1,200円

No.44　分権改革と政治改革
西尾勝　1,200円

No.45　自治体人材育成の着眼点
浦野秀一・井澤壽美子・野田邦弘・西村浩・三関浩司・杉谷戸知也・坂口正治・田中富雄　1,200円

No.46　シンポジウム障害と人権
橋本宏子・森田明・湯浅和恵・池原毅和・青木九馬・澤静子・佐々木久美子　1,400円

No.47　地方政府と政策法務
加藤良重　1,200円

No.48　政策財務と地方政府
加藤良重　1,400円

No.49
政令指定都市がめざすもの
高寄昇三
1,400円

No.50
良心的裁判員拒否と責任ある参加
市民社会の中の裁判員制度
大城聡
1,000円

No.51
討議する議会
自治体議会学の構築をめざして
江藤俊昭
1,200円

No.52
【増補版】大阪都構想と橋下政治の検証
府県集権主義への批判
高寄昇三
1,200円

No.53
虚構・大阪都構想への反論
橋下ポピュリズムと都市主権の対決
高寄昇三
1,200円

No.54
大阪市存続・大阪都粉砕の戦略
地方政治とポピュリズム
高寄昇三
1,200円

No.55
「大阪都構想」を越えて
問われる日本の民主主義と地方自治
（社）大阪自治体問題研究所
1,200円

No.56
翼賛議会型政治・地方民主主義への脅威
地域政党と地方マニフェスト
高寄昇三
1,200円

No.57
なぜ自治体職員にきびしい法遵守が求められるのか
加藤良重
1,200円

No.58
東京都区制度の歴史と課題
都区制度問題の考え方
著・栗原利美　編・米倉克良
1,400円

No.59
七ヶ浜町（宮城県）で考える
「震災復興計画」と住民自治
編著・自治体学会東北YP
1,400円

No.60
市民が取り組んだ条例づくり
市長、職員、市議会とともにつくった所沢市自治基本条例
編著・所沢市自治基本条例を育てる会
1,400円

No.61
いま、なぜ大阪市の消滅なのか
「大都市地域特別区法」の成立と今後の課題
編者・大阪自治を考える会
800円

No.62
地方公務員給与は高いのか
非正規職員の正規化をめざして
著・高寄昇三・山本正憲
1,200円

No.63
大阪市廃止・特別区設置の制度設計案を批判する
いま、なぜ大阪市の消滅なのか Part2
編者・大阪自治を考える会
900円

No.64
自治体学とはどのような学か
森啓
1,200円

No.65
通年議会の〈導入〉と〈廃止〉
長崎県議会による全国初の取り組み
松島完
900円

No.66
議会改革はどこまですすんだか
改革8年の検証と展望
神原勝・中尾修・江藤俊昭・廣瀬克哉
1,200円

No.67
いま一度問う大阪市の廃止・分割
その是非を住民投票を前に
大阪の自治を考える研究会
926円

No.68
地域主体のまちづくりで「自治体職員」が重視すべきこと
事例に学び、活かしたい5つの成果要因
矢代隆嗣
800円

No.69
自治体職員が知っておくべきマイナンバー制度50項
高村弘史
1,200円

No.70
二元代表制への挑戦
議会改革と議会報
大和田建太郎
800円

【北海道自治研ブックレット】

No.1
市民・自治体・政治
再論・人間型としての市民
松下圭一
1,200円

No.3
福島町の議会改革
議会基本条例＝開かれた議会づくりの集大成
溝部幸基・石堂一志・中尾修・神原勝
1,200円

No.4
議会改革はどこまですすんだか
改革8年の検証と展望
神原勝・中尾修・江藤俊昭・廣瀬克哉
1,200円

No.5
ここまで到達した芽室町議会改革
芽室町議会改革の全貌と特色
広瀬重雄・西科純・蘆田千秋・神原勝
1,200円

No.6
国会の立法権と地方自治
憲法・地方自治法・自治基本条例
西尾勝
1,200円

【自治総研ブックレット】

No.22
自治体森林政策の可能性
〜国税森林環境税・森林経営管理法を手がかりに
飛田博史・諸富徹・西尾隆・相川高信・木藤誠・平石稔・今井照
1,500円

【自治体危機叢書】

2000年分権改革と自治体危機
松下圭一
1,500円

自治体財政破綻の危機・管理
加藤良重
1,400円

自治体連携と受援力
もう国に依存できない
神谷秀之・桜井誠一
1,600円

政策転換への新シナリオ
小口進一　1,500円

住民監査請求制度の危機と課題
田中孝男　1,500円

政府財政支援と被災自治体財政
東日本・阪神大震災と地方財政
高寄昇三　1,600円

震災復旧・復興と「国の壁」
神谷秀之　2,000円

自治体財政のムダを洗い出す
財政再建の処方箋
高寄昇三　2,300円

「政務活動費」ここが問題だ
改善と有効活用を提案。
宮沢昭一　2,400円

「ふるさと納税」「原大学誘致」
で地方は再生できるのか
高寄昇三　2,400円

【地方自治土曜講座 ブックレット】

No.72
情報共有と自治体改革
片山健也　1,000円

No.73
地域民主主義の活性化と自治
体改革
山口二郎　900円

No.74
分権は市民への権限委譲
上原公子　1,000円

No.75
今、なぜ合併か
瀬戸亀男　800円

No.76
市町村合併をめぐる状況分析
小口砂千夫　800円

No.78
ポスト公共事業社会と自治体
政策
五十嵐敬喜　800円

No.80
自治体人事政策の改革
森啓　800円

No.83
北海道経済の戦略と戦術
宮脇淳　800円

No.84
地域おこしを考える視点
矢作弘　700円

No.87
北海道行政基本条例論
神原勝　1,100円

No.91
協働のまちづくり
三鷹市の様々な取組みから
秋元政三　700円＊

No.92
シビル・ミニマム再考
松下圭一　900円

No.93
市町村合併の財政論
高木健二　800円＊

No.95
市町村行政改革の方向性
佐藤克廣　800円

No.96
創造都市と日本社会の再生
佐々木雅幸　900円

No.97
地方政治の活性化と地域政策
山口二郎　800円

No.98
多治見市の総合計画に基づく
政策実行
西寺雅也　800円

No.99
自治体の政策形成力
森啓　700円

No.100
自治体再構築の市民戦略
松下圭一　900円

No.101
維持可能な社会と自治体
宮本憲一　900円

No.102
道州制の論点と北海道
佐藤克廣　1,000円

No.103
自治基本条例の理論と方法
神原勝　1,100円

No.107
公共をめぐる攻防
樽見弘紀　600円

No.108
三位一体改革と自治体財政
岡本全勝・山本邦彦・北良治・
逢坂誠二・川村喜芳　1,000円

No.109
連合自治の可能性を求めて
松岡市郎・堀則文・三本英司・
佐藤克廣・砂川敏文・北良治他
　1,000円

No.110
「市町村合併」の次は「道州制」
か
森啓　900円

No.111
コミュニティビジネスと
建設帰農
松本懿・佐藤吉彦・橋場利夫・山北博明・
飯野政一・神原勝　1,000円

No.112
「小さな政府」論とはなにか
牧野富夫　700円

No.113
栗山町発・議会基本条例
橋場利勝・神原勝　1,200円

No.114
北海道の先進事例に学ぶ
宮谷内留雄・安斎保・見野全・
佐藤克廣・神原勝　1,000円

No.115
地方分権改革の道筋
西尾勝　1,200円

No.116
転換期における日本社会の
可能性～維持可能な内発的発展
宮本憲一　1,100円